本书是"1990年代以来流行文学生产机制及历史⋯
宁省教育厅重点项目结题成果）和"1990年代以来流⋯
化进程研究"（国家社科规划基金一般项目阶段性成果）项目

20世纪90年代以来
文学类畅销书生产研究

李庆勇　著

长春出版社
国家一级出版社
全国百佳图书出版单位

图书在版编目（CIP）数据

20世纪90年代以来文学类畅销书生产研究 / 李庆勇

著. -- 长春 : 长春出版社, 2020.12

ISBN 978-7-5445-6188-4

Ⅰ. ①2… Ⅱ. ①李… Ⅲ. ①文学 – 畅销书 – 出版工

作 – 研究 – 中国 – 20世纪 Ⅳ. ①G235

中国版本图书馆CIP数据核字(2020)第234217号

20世纪90年代以来文学类畅销书生产研究

著　　者	李庆勇	
责任编辑	孙振波	
封面设计	宁荣刚	

出版发行	**長春出版社**	总编室电话	0431-88563443
		发行部电话	0431-88561180
地　　址	吉林省长春市长春大街309号		
邮　　编	130041		
网　　址	www.cccbs.net		
制　　版	长春出版社美术设计制作中心		
印　　刷	三河市华东印刷有限公司		
开　　本	710毫米×1000毫米　1/16		
字　　数	156千字		
印　　张	10.5		
版　　次	2020年12月第1版		
印　　次	2020年12月第1次印刷		
定　　价	58.00元		

目　录

绪　论

一、研究的意义和价值

审视 20 世纪 90 年代以来的文化经济场域，文学类畅销书出版热潮的此起彼伏和畅销书市场的蓬勃活力无疑构成了一个重要存在。一如黑格尔曾论及的：凡是存在的都是合理的。的确，随着经济体制和文化系统的转型，文学的存在方式及其生产、传播方式等较之以往都已发生了诸多改变和深刻变革。在诸种现象当中，最为显见的事实是：文学从单纯的精神文化建构融入整个的社会生产和生活活动之中成为社会生产的一个部类，具有了明显的商业化倾向，传统的审美倾向出现裂变。而文学类畅销书作为具有时代标志性质并折射出时代精神走向的重要文化景观，不仅体现了文学生长和前行中的激情与希望，而且以其多元化的写作取向和广泛的受众给我们提供了清醒认知和深入考辨当代中国文化的一个新的维度和视域。

"畅销书"这种新的文学生产形态同时也是新的经济形态，通过其自身独特的话语内容和生产方式的整合，反映出权力和利益相互抗衡、相互融合的互动关系，是推动社会文化变动的背后推手。本研究具有一定的前沿性与前瞻性，其理论意义在于"20 世纪 90 年代以来的文学类畅销书生产"是学界多年关注的热点之一。但因涉及的文学事实、文学现象芜杂广泛、无章可循，理论思辨和逻辑归纳的难度大，同时又与文化政策、商品逻辑、出版传播、大众消费存有复杂关联，因此一直被视为研究的畏途。多数论者或局限于本学科领域，或滞留于理论演绎，或采用二元对立的思维模式。因为缺乏客观的历史观念和科学的理性精神的制衡，从而对畅销书要么全面否定，要么全面肯定。虽然已有研究者越来越注意到文化市场、现代传媒、受众心理等诸多因素对文学畅销书生产等方面的影响，但尚缺乏一种整体性的新视野，亦即缺乏在紧密联系文学现实的基础上，从理论观照和实践发展相统一的整体性出发对20世纪90年代以来的文学畅销书做出理论阐释和实践探索。从学理层面对畅销书生产进行一种宏观、整体性地把握和诠释，对这一重要历史阶段的文学生产活动进行系统研究和探索，进而实现文学理论研究与文学实践的深层对接，在当下已成为学界、业界不容忽视的研究问题。这一研究现象已表现出其学术必要性。

本研究的实践意义在于：通过探讨文学畅销书的生成机制和具有典型意义的运作模式，探寻文学生产与商品逻辑之间的内在关联。不仅揭示出从其他角度所难以揭示的更为接近本时段文学存在和发展的特征及规律，也为当下处于不同困境的文化出版从业者提供一种理论支持或运营参考。抑或变更"文不理财，士不经商"这样一个对国人影响颇深的传统观念，进而推动"产学研"一体化进程。

二、国内外研究现状

（一）畅销书、文学畅销书概念剖析

众所周知，畅销书（Best Seller）一词源起美国。美国也是迄今为止畅销书运作最成熟、最成功的国家。正如英国学者约翰·苏特兰（John Sutherland）所说："《牛津英语词典》标明，'畅销书'一词源于美国。人们凭直觉感到这个词源是正确的，这个词与'影星''流行唱片目录'或棒球'名人榜'一样，听起来带美国腔。""是以'美国化'为代表的'文

化工业'的产物。"① 19 世纪末期，美国《书籍发行者》杂志分别在 1895 年和 1897 年，以"实际订数多少的顺序"和"销量最好的书"为标准来向全国公布小说书名。20 世纪初，从 1911 年开始，美国《出版商周刊》每年出一期分析当年销量领先的图书数据的杂志。1911 年，《文人》杂志创刊。这份以刊登文学和文学评论为主的杂志，开始定期刊登美国畅销书目。由此可见，畅销书的概念兴起是与全国性图书销售排行榜的诞生紧密相连的，也可以看出"畅销书"是一个相对宽泛的概念。

　　畅销书这一概念是在 20 世纪 80 年代进入中国的。1982 年张仁德《畅销书作家的秘密》一文提道："在西方，一本书能否成为畅销书，出版商起决定性作用，因为在西方图书出版业作为'工业'是以赚钱和盈利为目的，是一种买卖，不是正人君子行当了。对于把文艺作品当作商品来销售应当警惕一下。"② 在 20 世纪 80 年代初，人们潜意识里把畅销书作为出版社和作者赚钱的工具，并将其视为不好的现象，但说不清楚为什么不好。80 年代中后期，因畅销书所引起的文艺商品化现象受到广泛关注并产生较大争议。其中陈文晓的《社会主义商品化——文艺繁荣的历史趋势》（《启明》1985 年第 1 期）和《文艺商品化不能否定》（《辽宁文艺界》1984 年第 2 期）两篇文章强调社会主义文艺的竞争力来源于文艺商品化，引起文艺界广泛反响。对文艺的商品化和市场化持赞同观点的文章有：黄林妹《也谈文艺的商品化》（《中国文化报》1988 年 1 月 13 日）、边平怒《艺术生产和商品生产》（《文艺理论与批评》1988 年第 3 期）、陈煌奎《艺术生产的商品化和大众化》（《福建戏剧》1988 年第 2 期）等。他们认为商品化是发展文艺的必然要求，是繁荣文艺的历史趋势。而持反对观点的文章有：马越《"文艺商品化"必须否定》（《启明》1985 年第 2 期）、冯宪光《试论社会主义文艺产品的商品性》（《当代文坛》1985 年第 2 期）、蒋茂礼《商品化

---

① 约翰·苏特兰：《畅销书》，何文安译，上海文化出版社，1988，第 2 页。
② 张仁德：《畅销书作家的秘密》，《读书》1982 年第 10 期。

中文学独立品格的沦丧》（《文史哲》1988 年第 5 期）等。他们认为资本主义的文艺产品成为商品完全是一种特殊现象。在社会主义制度下，文艺产品从本质上来说不是商品，因而坚决反对文艺商品化。80 年代中国社会经济体制还是以计划经济为主导，因改革开放所出现的市场经济只不过是试验性的探索。因此，由出版现象所引起的"文艺作品"与"市场商品"关系的争论，主要是围绕文学艺术的社会属性、政治属性、商品属性层面展开争论，没有深入到畅销书概念、畅销书策划、畅销书生产，甚至宣传营销等图书出版运作机制的内部，因此对畅销书的认识都是模糊状态。在 80 年代出现文学图书畅销热潮是因为十几年文化禁锢使文学出版出现了严重"书荒"现象，是文学生产空白期。在这样特殊时空下的人们处于对书、对知识、对新事物的极度亢奋的渴求中。这一时期，书店只要有新的文学作品，很快便销售一空。古典文学名著、外国文学名著、现代经典文学作品、当代文学作品、港台消遣通俗小说等等都是畅销遭抢购之作品。然而，由于 80 年代中国市场经济是处在实验探索阶段。"尽管西方世界为跨国资本所支持的文化工业系统不断觊觎已然打开国门的中国，觊觎广大而潜在的中国文化市场和丰富的文化资源，但彼时的意识形态及文化市场壁垒，尚非'宙斯化身为一场金雨'所能进入的。"[①] 因此，在计划经济主导社会经济体制、在主流意识形态控制权利话语、在图书出版不是规范的市场运作（计划为主、盗版市场猖獗）的背景下，80 年代出现的文学图书畅销热是禁锢后文学出版的畸形繁荣，不是真正意义上的文学畅销书出版的繁荣。

90 年代，尤其是 1993 年以后，伴随市场经济的确立，图书出版业快速完成从计划经济向市场经济的转型。90 年代市场经济已经全面渗透到文学体制、文学组织、出版策划等各个环节中。面对市场经济的大肆侵入，围绕如何看待文学与市场、在市场经济语境下知识分子如何给自己定位等问题，90 年代初知识界展开了关于"人文精神"大讨论。"人文精神"大讨论发

[①] 戴锦华：《隐形书写——90 年代中国文化研究》，江苏人民出版社，1999，第 86 页。

生在 1993—1995 年，由王晓明等五人谈话录《旷野上的废墟——文学和人文精神的危机》^①公开发表所引发的关于"人文精神失落与重建"的争论。两年多时间出现了大量的讨论文章，如王晓明《我们能否走出失语的困境》（《东方》1995 年第 3 期）、《太阳消失以后——关于当代中国文化人的认同困境》（《文汇报》1995 年 8 月 27 日），孟繁华《新理想主义与知识分子意识形态》（《光明日报》1995 年 7 月 5 日），陈思和《当代知识分子的价值规范》（《上海文学》1993 年第 7 期），陶东风《从"王蒙现象"谈到文化价值的建构》（《文艺争鸣》1995 年第 3 期）、《道德理想主义：拯救当代社会神话》（《作家报》1995 年 7 月 1 日），南帆《人文环境与知识分子》（《上海文学》1994 年第 5 期）、《人文精神：反抗的功能》（《作家报》1995 年 6 月 17 日），还有陈平原、陈福民、朱立元、王蒙、丁帆、雷达、张颐武等多人在多家报刊上发表"人文精神"的讨论文章。其中座谈记录和一些重要文章收录在王晓明主编的《人文精神寻思录》^②中。这次"人文精神"大讨论规模之大、时间之久、影响之广泛应该是 20 世纪 90 年代中国知识界出现的最热烈的一次文化现象。但热烈讨论场面的效果并不尽如人意："平心而论，'人文精神'的讨论虽然持续了这么久，整个讨论的水平却明显低于人们的期望。就拿倡导者的那些意见来说吧，其实都属于'开场白'的性质……牵坠住了整个讨论的水平。"^③尽管这种争论言犹在耳，但文学实践已经全面进入市场运作之中。从 1993 年辽宁春风社打造的"布老虎丛书"国内文学畅销书第一品牌运作成功开始，国内纷纷成立文学畅销书策划运作团队。如长江出版社"九头鸟"文学畅销书品牌，以及人民文学出版社、上海人民出版社、上海译文出版社、作家出版社等等的标志着我国畅销书业发展成熟度的各种排行榜也纷纷产生。尤其是"畅销书"

---

① 文章发表在《上海文学》1993 年第 6 期。
② 王晓明：《人文精神寻思录》，上海文汇出版社，1996。
③ 同上书，第274页。

进入文学史叙述语境中，如孟繁华、程光炜主编的《当代文学发展史》（修订版）第十七章"90 年代文学"评述"布老虎丛书"《王朔文集》《顽主》与《白鹿原》等作家作品都用"畅销书"描述（第 327—341 页）。在其他文学史叙述里也有"流行""热销""销量巨大"等含义等同于"畅销书"的叙述。

我国畅销书业的市场运作，几乎是与市场经济同步发生、发展的。在国外学者对畅销书概念的解释过于笼统、含糊、宽泛的背景下，国内研究者或完全沿用国外畅销书概念解释或要对畅销书进行较为清晰的界定。国内研究者关于"畅销书"的定义有以下几种代表性说法：

1. 伍旭升：畅销书的概念，本源于英美等西方发达国家书业，是与市场化的运作相伴生的，实际上与全国性图书销售排行榜的诞生紧密相关。[①]

2. 袁晖：从图书的社会属性和商品属性规定要有较大影响和经济效益；从时间规定限定，要在一个时期内，要有较快发行速度和较大发行量的图书。[②]

3. 欧阳雪芹：明确规定"畅销书"必须在市场经济条件下运作的"商品"，被多数读者主动接受，要在一段特定时间内，发行量较大，并产生了较大社会影响的图书。[③]

4. 张文红：在一定时空范围内，依靠市场竞争机制在同类图书品种中具有较高的销量，文化质量上优劣俱存但引发了读者的广泛关注，在一定程度上引领了阅读风尚，产生了强烈社会影响的图书。[④]

5. 刘佳：必须是在市场经济条件下，通过市场渠道在开放、自由、平等的竞争下，读者积极接受，主动消费，在一段时间内持续销量达到 10 万

---

① 伍旭升：《中国畅销书史》，江西教育出版社，2009，第 1 页。

② 袁晖：《畅销书探微（一）》，《编辑之友》1999 年第 1 期。

③ 欧阳雪芹：《百年中国畅销书的回顾与思考》，苏州大学学报(哲社版)2002 年第 2 期。

④ 张文红：《畅销书理论与实践》，中国传媒大学出版社，2011，第 10 页。

册以上的图书。[1]

6.邵燕君：基本上在约翰·苏特兰(John Sutherland)所说的意义上使用"畅销书"概念。

从以上几个具有代表性的关于"畅销书"定义的说法中，我们可以看出：关于畅销书定义，国内研究者大致从市场、商品、时间、销量、社会影响等几个维度来界定。

关于"文学畅销书"概念的界定，国内研究者主要有以下几种代表性说法：

1.赖桂香：对文学类畅销书概念的界定，是从畅销书生产背景（市场经济条件下）、运作属性（作为商品来运作）、时间限定（一段时间）在文学类图书的销售量中居领先地位的图书。[2]

2.李椴娜：对畅销书的界定，是从经济（经济效益）、文化（尤其是通俗文化）、社会（反响）等方面产生融合现象，即在一定时间内销量大、读者积极接受（消费）、社会反响较大（出现阅读热潮）的文学类图书。对一定时间文学类图书销量有比较宽泛的界定，如果没有达到 10 万册以上，但销量明显高于市场同类图书，也属于文学类畅销书。[3]

3.大多数文学畅销书研究者，他们或沿用畅销书的概念或不给文学畅销书下一个明确的定义。

本书认为，"文学畅销书"有别其他类别的畅销书：一是文学畅销书作为精神产品已经融入整个社会生产和活动中，能够产生巨大的社会影响；二是文学畅销书在文学图书市场占据着绝对大份额，出现了图书市场销售"一九"现象。这种现象说明文学畅销书出版销售会给作者、出版社、编辑、策划者等带来可观的经济效益而成为出版界的宠儿。"文学畅销书"是畅销

①刘佳：《20世纪90年代畅销书研究》，硕士学位论文，南京大学信息管理系图书馆学系，2005。

②赖桂香：《当代文学类畅销书研究》，硕士学位论文，南昌大学中文系，2005。

③李椴娜：《文学畅销书出版策划新探》，硕士学位论文，华中师范大学新闻学系，2004。

书中的一个重要类别,它与"畅销书"已经不再是一个完全等同的概念。因此,"文学畅销书"应有一个相对独立、充分体现其自身属性的定义。

文学畅销书是在市场经济基础上,是由"图书出版"的"事业"到"企业"的转型带来的图书出版市场化运作的产物。因此,文学畅销书必须是在市场经济体制下,通过运作(策划),作为大众消费的精神商品(文学类图书)。同时,其销量的多少不应该成为区分它是否具有文学畅销书的属性的决定因素,而应该成为检验其是否是成功畅销书的重要指标。正如罗贝尔·埃斯卡尔皮所说:"在商业方面,唯一真正的读者就是那些图书的购买者。从这个意义上说,论一部作品的成败有四个档次:凡书的销售额使出版者和书商亏本的都是失败之作;书的销售额与预算持平的都是半成功之作;书的销售额与出版者的预计相差无几的都是正常成功之作;书的销售额超过预计的限度并失去控制的都是畅销之作。"① 综上所述,文学类畅销书,指的是在市场经济条件下,按照畅销书出版市场化程序运作,作为大众消费的"商品"(文学类图书)。根据销售量(额)可分失败的畅销书:销售量(额)使出版社亏本的文学类图书;成功的畅销书:销售量(额)达到出版社预计的文学类图书;长销书:销售量(额)持续时间长、销量大的文学类图书。

畅销书有两层含义:一是成功的畅销书,二是不成功的畅销书。本书试图以 20 世纪 90 年代以来的文学畅销书生产作为视角,来关照 90 年代以来文学市场化的发展现状、内部运行机制以及外部特征,而这也对重新认识 90 年代以来中国当代文学发展进程具有重要意义。正如台湾评论家李瑞腾在"台湾的文学出版"的学术会议论文集中所说的:"众所周知,出版是文化发展最重要检验指标之一。文学出版的兴衰,其实也正是文学的兴衰。"② 可以看出,通过对"文学畅销书"文化现象的研究是考察中国当代文学生产机制、文学消费的导向、文学发展史最重要的载体。

---

① 罗贝尔·埃斯卡尔皮:《文学社会学》,符锦勇译,上海译文出版社,1988,第132页。
② 李瑞腾:《前言》,载《台湾文学出版——五十年来台湾文学研讨会论文集(三)》,闻讯杂志社,1996。

（二）国外国内研究现状

畅销书的概念源于书业发达的欧美国家，美国是畅销书业运作最成熟、最成功的国家。从《书籍发行者》（1895 年）杂志创刊号上公布第一份畅销书排行榜开始到 1911 年《出版商周刊》《文人》杂志定期刊登畅销书目，表明美国畅销书从萌芽阶段进入到成熟快速发展的阶段。目前，美国《纽约时报》的《书评周刊》有最具权威的畅销书排行榜信息。欧洲各国家的畅销书排行榜出现得相对较晚，大多在 20 世纪六七十年代才出现，如联邦德国到 1961 年出现畅销书排行榜，英国则到 70 年代才出现类似排行榜的"每周综览"[①]。由此可见，畅销书出版的兴起是与全国性图书销售排行榜的诞生紧密相连的。

我国畅销书产业起步晚，与已有百年多的畅销书发展历程、已经形成很成熟的畅销书产业的欧美国家相比，有一定差距。严格意义上来说，我国畅销书产业只有短短的十几年发展历程。以畅销书产业发展成熟的标志——畅销书排行榜来说，直到 20 世纪 90 年代中后期才出现。"直到 1999 年之后，随着整个出版业面向市场机制的逐步确立，市场销售数据信息化处理逐步规范，基于'开卷全国图书零售市场观测系统'数据，《中国图书商报》与开卷联合发布的畅销书排行榜开始确立其权威性和影响力，得到学界和业界认同，从而确立了《中国图书商报》畅销书排行榜发布和畅销书研究方面重要地位。"[②]

尽管我国畅销书产业起步较晚，与畅销书产业发达的国家之间有差距，但我国的畅销书产业发展还是较快的。畅销书生产机制与销售市场已形成规模，在图书策划、生产、出版、宣传、排行等方面的市场化运作模式，已形成了一套较为完整、规范的体制。

进入 21 世纪以来，国内有众多研究者对文学畅销书及文学生产相关问题进行关注和研究，硕士学位论文主要有以下几个方面：

---

① 邓咏秋：《畅销书现象的观察与研究》，《出版发行研究》2003 年 10 期。
② 伍旭升：《30 年中国畅销书史》，江西教育出版社，2009，第 173 页。

1. 畅销书的策划、出版、营销策略等运营模式研究

李嘏娜硕士论文《文学畅销书出版策划新探》：以 21 世纪为社会背景，研究中国文学畅销书现象，以出版策划作为文学畅销书主要研究对象，以传播学、文学批评、经济学及出版学为研究视角，对 21 世纪中国文学畅销书出版策划环节进行简要的理论探讨。指出文学畅销书出版策划是文学畅销书运作成功的前提，提出文学策划要兼顾经济效益和社会效益，走个性、特色的创新之路是文学畅销书策划努力方向。[①] 张维硕士论文《我国畅销书整合营销传播策略研究》：对我国畅销书出版业实践中出现的整合营销传播理论必要性、可行性、重要性作出细致梳理归纳，以传播学理论、营销学理论为理论支撑和研究方法。通过对我国畅销书整合营销传播运作现状进行分析，探索构建畅销书营销传播策略体系和传统出版流程要解决好目标群体、客户关系、媒体接点等所要重视的几个问题。[②] 严芸硕士论文《畅销书的选题策划探究》：选题策划是畅销书组织和策划的一个基准点，畅销书的出版首先就是从畅销书的选题策划开始的。选题正确，市场定位准确，通过畅销书出版运作，使文学作品成为成功的文学畅销书，能够给作者、出版社和经销商带来巨大的经济收入、轰动效应及可能形成的巨大影响。[③] 付婉莹硕士论文《论畅销书营销的宣传策略》：宣传是出版社运作畅销书的营销手段，通过成功的宣传，就会实现畅销书"传播的最大化"，防止失去销售良机，使畅销不畅。通过国外畅销书营销的成功例证，揭示我国在畅销书营销宣传中存在的问题，提出有针对性的宣传策略。[④] 邹海燕硕士论文《我国当代畅销书的营销运作研究》：从现代畅销书的内涵和发展历史入手，结合各类案例

[①] 李嘏娜：《文学畅销书出版策划新探》，硕士学位论文，华中师范大学新闻学系，2004。

[②] 张维：《我国畅销书整合营销传播策略研究》，硕士学位论文，重庆大学行政管理系，2010。

[③] 严芸：《畅销书的选题策划探究》，硕士学位论文，广西大学传播学系，2008。

[④] 付婉莹：《论畅销书营销的宣传策略》，硕士学位论文公共管理系，华东师范大学，2006。

进行分析，对畅销书营销运作的产品设计，包括选题、内容与装帧，价格运作，渠道运作，促销宣传，延伸与拓展策略五个方面内容进行分析。根据我国目前畅销书营销运作的发展现状，提出我国培育成熟的畅销书运作机制的建议。[①] 苏州大学中国现当代文学欧阳雪芹硕士论文《出版策划与图书畅销论》：从畅销书最初环节"选题策划"到最终环节"售后服务"畅销书出版整个流程进行分析，结合目前我国畅销书运作的实践，提出出版策划在图书出版运营过程中的核心作用及对畅销书的未来走向的影响。[②] 还有四川大学传播学专业陈颖硕士论文《畅销书的可持续发展对策研究》、苏州大学传播学吴金泉硕士论文《畅销书运作中的非理性现象探析》、北京印刷学院传播学范琳娜硕士论文《畅销书运作研究》、苏州大学新闻传播李莺硕士论文《选题创新、营销创新、管理创新》、辽宁大学新闻学林淼硕士论文《图书传播策略研究》、大连理工大学传播学张钰硕士论文《畅销书出版的传播学研究》、南京师范大学新闻学高欣硕士论文《论我国畅销书的市场运作及其机制革新》等硕士学位论文都是从畅销书运作各个环节进行分析、研究，提出合理化建议，使我国畅销书出版业在市场化环境下健康发展。

2. 文学畅销书个案、类型研究

黄丽欣硕士论文《〈哈利·波特〉全程营销分析及其启示》：《哈利·波特》中文简体版从 2000 年开始占据国内图书销售排行榜前列，这一现象已经超越了图书本身，并演化成一种重要的经济、文化以及社会现象。通过对《哈利·波特》这一重要案例的研究和剖析，对《哈利·波特》中文简体版在国内市场的营销全过程进行了详细勾勒，揭示现代图书出版的全程营销策划的先进理念，对国内儿童文学市场尤其是儿童文学畅

① 邹海燕：《我国当代畅销书的营销运作研究》，硕士学位论文，武汉大学出版发行学系，2005。
② 欧阳雪芹：《出版策划与图书畅销轮》，硕士学位论文，苏州大学中国现当代文学，2001。

销书的运作来说具有重大意义。① 张淑红硕士论文《〈狼图腾〉成功原因探析》：《狼图腾》能够成为一本超级畅销书是内因和外因共同作用的结果。内因是极具吸引力的文本特色：对蒙古草原狼细致的描述，领悟狼的精神、狼的智慧、狼的性格等等，揭示蒙古草原狼对自然生态以及人类进步的贡献，透彻分析作品的思想倾向、审美趣味、文化内涵。外因是精确定位阅读群体，抓住读者阅读心理，全方位宣传促销等。② 赖桂香硕士论文《当代文学类畅销书研究》：运用多学科的理论与方法，细致描述我国当代文学类畅销书发展历程，对当代文学类畅销书在生产机制形成与文学类畅销书运作模式进行较为深入的研究。对当代文学类畅销书的发展轨迹和现状，提出具体、客观、全面、科学、系统的分析和评价。为清除当下文学畅销书研究中出现的某些理论和实践误区找到了切入点，为市场化的文学发展找到一个突破口。③ 毛蓉蓉硕士论文《新世纪以来文学类畅销书研究》：90 年代以来，我国从计划经济向市场经济体制转型，图书出版实现市场化运作，畅销书有了发展环境和土壤。图书市场"二八现象"凸显文学类畅销书的旺盛生命力和发展前景。通过对典型案例、图书出版、大众媒介对文学类畅销书运作影响的梳理，解读在这现象背后社会文化有着怎样的变迁。④ 武迪硕士论文《美国文学类畅销书十年变迁（2000—2009）》、陈曦硕士论文《"95 后"少儿畅销书运作研究》、李倩颖硕士论文《近五年来我国少儿文学类图书出版策划研究》、王凡硕士论文《我国近年来婚恋题材畅销小说研究》、董璐硕士论文《过路的烟花》等都是对这方面的研究。

---

① 黄丽欣：《〈哈利·波特〉全程营销分析及其启示》，硕士学位论文，河北大学传播学，2009。
② 张淑红：《〈狼图腾〉成功原因探析》，硕士学位论文，华中师范大学新闻学，2007。
③ 赖桂香：《当代文学类畅销书研究》，硕士学位论文，南昌大学中文系，2005。
④ 毛蓉蓉：《新世纪以来文学类畅销书研究》，硕士学位论文，华东师范大学传播学，2011。

3. 对文学畅销书文化现象研究

彭霞硕士学位论文《〈百家讲坛〉系列图书畅销现象研究》：《百家讲坛》栏目走红，带动系列图书畅销、主讲人成名成为一种文化现象、出版现象和社会现象。从平台、内容、受众、营销与环境五个方面剖析了《百家讲坛》系列图书畅销的原因。并从传媒与社会、传者与受众、传统与现代、传播与文化四个方面揭示了《百家讲坛》系列图书畅销的启示。以及媒体多元时代，传统的电视与新兴的互联网、手机等新媒体日益分割着纸质图书市场，图书出版受到极大冲击和机遇。[①] 黎霜硕士论文《论文学畅销书生命的延伸——及〈哈利·波特〉〈我为歌狂〉案例分析》：通过对《哈利·波特》和《我为歌狂》较为详细的个案分析，着重剖析了它们各自的内容所蕴含的文化价值，指出它们的文化价值归根结底在于契合了当下的社会文化心理，满足了读者的普遍阅读需求。[②] 华中师范大学中国现当代文学余贞硕士论文《大众文化包围中的"80后"写作》：进入 21 世纪，"80后"作家的青春叙写是文学类畅销书的宠儿。"80后"写作作为文化现象引起关注。以文化背景和文学环境为切入点，以大众理论作为视角，考察"80后"写手的文化取向、创作取向。对"80后"现象，即青春文学形成、发展过程及流行的原因进行细致分析和探究。[③] 李金宝硕士论文《中国畅销书的发展及其研究》：畅销书是在市场经济体制背景下产生的具有商品属性、文化属性、时尚属性的消费品，能产生巨大经济利益和社会效益的大众图书。从以上方面再入手，运用批判学理论，以营销学的视角对畅销书出版的实践运营、出版理念、构建畅销书营销系统重大意义等提出了自己的观点。[④] 东北师范大学现当代文

---

① 彭霞：《〈百家讲坛〉系列图书畅销现象研究》，硕士学位论文，湖南师范大学传播学，2009。
② 黎霜：《论文学畅销书生命的延伸——及〈哈利·波特〉〈我为歌狂〉案例分析》，硕士学位论文，四川大学新闻学，2003。
③ 余贞：《大众文化包围中的"80后"写作》，硕士学位论文，华中师范大学中国现当代文学，2006。
④ 李金宝：《中国畅销书的发展及其研究》，硕士学位论文，南京师范大学新闻学，2004。

学边宇璇硕士论文《"布老虎丛书"出版现象与 20 世纪 90 年代畅销文学》：主要选取辽宁春风文艺出版社"布老虎丛书"作为研究对象，从社会背景、文化政策、发展历程三方面分析 90 年代文学出版发展演进的过程。从出版理念、稿酬制度、媒体批评三个方面揭示文学观念、生产方式、阅读模式的全面变化。通过对"布老虎丛书"发展过程中的典型事件的详细分析，阐述了文学生产方式从计划经济到市场经济的体制转变和由教化功能到商品功能的转换；经济话语、政治话语对文学话语的制约；处理好文学审美的社会性、长效性和经济效应作为商品的短期效应的关系，会使 21 世纪中国文学在良性的文学生态环境下健康发展。[1] 郜国强硕士论文《消费文化影响下的经典解读类图书出版研究》、刘艳玲硕士论文《〈小时代〉系列畅销现象研究》、赵敏硕士学位论文《村上春树作品在中国大陆的畅销现象研究》等都属于对这方面的研究。

4. 对文学畅销书进行综合性研究

陈幼华主编的《畅销书风貌》主要研究梳理了百年文学类畅销书的发展状况。[2] 伍旭升主编的《30 年中国畅销书史》勾画了改革开放 30 年中国畅销书现象的产生、发展、演进历程，剖析 30 年来经典畅销书案例，解读 30 年来图书市场上的类型畅销书。[3] 张冬梅专著《艺术产业化的历程反思与理论诠释》以直面现实的精神，用马克思主义的一般原理和美学原理研究中国当前的文艺实际，强调科学的历史精神……对产业化的艺术生产中的经济追求和审美追求作出深入的辩证分析。[4] 南京师范大学潘大春的博士论文《90 年代文学与出版关系研究》：90 年代中国文学畅销书生产模式的建立，带来了以长篇小说（通俗文学）为主要内容的大众文学生产的繁荣，导致文学

---

① 边宇璇：《"布老虎丛书"出版现象与 20 世纪 90 年代畅销文学》，硕士学位论文，东北师范大学中国现当代文学，2008。

② 陈幼华：《畅销书风貌》，武汉大学出版社，2007。

③ 伍旭升：《30 年中国畅销书史》，江西教育出版社，2009。

④ 张冬梅：《艺术产业化的历程反思与理论诠释》，中国社会科学出版社，2008。

自身品性的丧失，加剧了文学场域内意识形态、商品生产与消费、文学价值等各种关系、话语权之间的竞争。文学场域内这种相互抗衡、冲突、融合是推动文学发展的内在机制。[①]南京师范大学陈尚荣的博士论文《市场经济对当代中国文学艺术的影响》：对 90 年代以来市场经济对当代中国文学与影视艺术的影响进行了考察研究。在市场经济的语境下，处理好文学的艺术性与市场化"商品性"之间的关系是文学畅销书发展的基础，既有"世俗性"的生存层面又要提升到"超越性"层面。[②]四川大学张苹博士学位论文《中国出版畅销书转型的符号学分析》借用符号学分析理论和符号经济学理论，对图书符号和传播方式等进行剖析和探究。从策划创作、宣传包装、营销机制等角度对畅销书生产制作提供建设性思路。[③]邵燕君专著《倾斜的文学场——当代文学生产机制的市场化转型》从文学期刊、出版、评奖、批评、作家等组成文学生产机制的几个环节入手，具体分析它们在"市场化"转型过程中发生的"制度上的变化"，以及这些变化对当代文学的样貌、成规以及未来走向产生的内在影响。其中，在分析的过程中，特别选取了发生"质变"的关键点和有代表性的现象进行集中论述。[④]

三、主要内容及思路

本书密切结合 20 世纪 90 年代的历史语境和文化语境，以畅销书生产问题为中心，通过将研究对象置于一个更大的社会文化语境中加以审视，力图将过去理论上没有清晰化的一些概念、提法、观念厘清。从文化与经济互

①潘大春：《90 年代文学与出版关系研究》，博士学位论文，南京师范大学文艺学，2004。
②陈尚荣：《市场经济对当代中国文学艺术的影响》，博士学位论文，南京师范大学文艺学，2005。
③张苹：《中国出版畅销书转型的符号学分析》，博士学位论文，四川大学文艺学，2007。
④邵燕君：《倾斜的文学场——当代文学生产机制的市场化转型》，江苏人民出版社，2003。

动发展的双重视角，探讨时代变迁和文学体制的社会建构对文学作品的生存和生产状况所起的制约作用，对作家心态的生成以及文学经典、文学史建构所产生的影响，以期发掘出普遍化的理论资源。

具体而言，本书第一章从文学畅销书的生产主体、创作主体等方面对文学畅销书这一文化现象的生成进行了相关分析。具体探究了市场化时代的到来与文学的市场化，出版社从"事业"到"企业"的转轨，以及作家身份和生存方式的转变等问题。第二章结合 20 世纪 90 年代的中国文化生态，阐释了畅销书与大众文化、媒体文化的紧密关联，大众传媒如何参与畅销书的意义建构过程；探讨了当下中国大众文化的发展现状、大众的文学阅读与文学消费；分析了作品与阅读者之间的期待和达成阅读默契的原因，以及大众读者何以能够参与畅销书文本的生产和意义建构。第三章运用类型学等研究方法，具体分析和概括了 20 世纪 90 年代以来文学畅销书的生产类型和典型运作模式。根据内容指向和话语形态，概括出了回归日常、浪漫传奇、穿越历史等类型。并以畅销书品牌或具体文本为个案，探究了"布老虎""狼图腾""青春文学"等具有典型意义的畅销书运作模式。第四章以文学史为参照视野，从宏观上探析和思考文学畅销书的经典化抑或"历史化"问题。指出畅销书的繁兴体现着雅俗文学对立的消解，以及文学大众化的发展趋势，较好地实现了文学发展史与文学实践对接，还原了纷纭复杂的文学史现象中的真实状态，丰富了文学史叙述的真实性与生动性。同时结合全球一体化进程中文学发展的多样性，探求了畅销书与当代文学的冲突与契合，及其"经典化"的可能性与限度。结语部分对 21 世纪以后的文学畅销书的现实走向和未来发展进行了憧憬，体现了理性的反思精神。

四、研究方法

第一，逻辑与历史、个案研究与整体总结、历史回顾与现实考察相统一、相结合的方法的运用。以历史贯穿逻辑，以逻辑引领历史，通过历史分析展现畅销书这一文化现象在具体的社会生产场域中的历史复杂性。通过逻辑分析揭示人类追求更具竞争力的实践方式而不断驱动文学生产方式演变的内在机制。

第二，本书带有交叉学科的研究特点，体现了以一个跨学科的视野和思路来考量 20 世纪 90 年代文学生产和传播问题的努力。即消除不同研究视角之间的相互隔离，通过不同研究视域的融合观照文学变革的整体图像。在传统的文学研究方法的基础上，纳入经济理论、传播理论的方法和资源，对接受美学、心理学、符号学、类型学等理论方法也都恰到好处的运用。

第一章 文学畅销书的生成

第一节 市场化时代的到来与文学的市场化

一、"市场经济"的历史性出场与文化系统转型

20 世纪 90 年代，"市场经济"在中国的社会语境和历史进程中，无疑具有深远的历史意义和理论意义。"市场"这个新的空间和关系，终于成为一种"合法性"的存在。邓小平"南方谈话"的发表以及中共十四大的召开，使中国实现了从计划经济向市场经济的转变，开始充分发挥市场的资源配置作用。建设有中国特色的社会主义市场经济体制，是中国遭遇了西方缔造的现代化之后，为适应中国社会历史发展所做出的独特的理性选择和实践探索。市场化的历史实践不仅使中国无可逆转地开放地面对世界，也成为理解和观察中国文学生产的一个有效的历史视域。伴随着市场经济的历史性出场，文化系统也开始了艰难的改革和转型，一种适应市场经济时代的新的文化格局亦在重组和构建之中。"商品意识""市场关系"在中国的文化格局中成为一个重要的不再匿名的参数。

我们知道，1949 年中华人民共和国成立后，为了文化事业的发展，中国共产党逐渐完备了文化艺术管理体制，建立了相应的文化管理制度，成立了自上而下的由宣传部门和文化部门共同领导的文化管理机构。在计划经济时代，文化单位被定性为事业单位，由国家财政统一拨款给予支持。文学艺术生产与传播机制被纳入党所领导的国家计划轨道，也即纳入体制化的秩序之中。在体制

下的文化管理体系中，国家和党的事业是这一文化制度的宗旨定位，服务对象是人民群众，文化建设是国家和党的事业中的一个构成部分。因此，文化艺术的政治依附性较强，政治意识形态一直以主导性的力量引领文化艺术的发展。以文学期刊的出版发行为例，"一般说来，'中央'一级的（中国文联、作协的刊物）具有最高的权威性，次一等的是省和直辖市的刊物，依此类推。后者往往是'中央'一级的回声，做出的回应。重要问题的提出，结论的形成，由前者承担。这些特征，也就是有效地建立了思想、文学领域的秩序得以维护的体制上的保证"①。这种文化格局的建立不仅仅是文化自身发展的需要，更是源于政治考虑。一方面是保障文化活动顺利的实施，另一方面是便于党和国家进行统一的监督和控制，体现政治权力赋予它的权威性。"如果从文学生产的角度来看，它的特点是，与国家计划经济体制严格配套。不但所有期刊的运营范围都基本按照行政级别和地域分界划分，在产品类型上也有明确的分工。"②而国家对于文化工作者的管理，主要是通过中国文学艺术联合会和作家协会这样的组织来实现的。作家协会更为重要，并在各省、直辖市、自治区设立分会。它对作家的创作活动、文化交流、正当权益等起到协调保障的作用，更重要的作用是对作家的文学活动进行政治、艺术领导、控制，保证文学的实施。它的权威性一方面来自它的领导层中拥有当时中国最著名的作家、批评家以及文学理论家，另一方面则是由政治权力所赋予。

　　"转型"是近年来在社会场域和学术研究界被普遍使用的一个概念和分析框架。"文化转型"并不简单意味着文化从一种原有状态、结构转向或转变为另一种状态。旧有的文化系统在分化、变革、重组的同时，也面临着新的建设和发展。中国的文化制度是建立在"一体化"时代的基础之上的，其运行长期依赖国家财政拨款，对市场缺乏应有的敏感度，甚至是采取抵御

①洪子诚：《问题与方法》，生活·读书·新知三联书店，2002，第208页。
②邵燕君：《倾斜的文学场》，江苏人民出版社，2003，第23页。

和反对的态度。在这样的情境下，其市场开拓能力可想而知。观念的滞后使文化在市场上的表现曾一度处于滞后状态。1988 年，在文化部、国家工商总局联合发布的《关于加强文化市场管理工作的通知》中，"文化市场"这一表述被官方第一次使用，表明文化市场得到了正式认可。着力培育社会主义文化市场，完善市场运行机制，规范市场行为，成为经济建设的一项重要内容。此后，文化娱乐市场逐步放开。

在文化体制改革方面，"事业单位、企业管理"的模式在包括新闻出版、广播影视在内的文化系统各行业开始推广实行。一些文化机构中的服务开始部分地转向盈利，即所谓的"用文化来支持文化"或者"用文化来培育文化"。其中，从中央到地方的文化艺术院团试行了聘任制，民办的文化企业在社会上开始出现，政府对于文化部门的管理开始由单一的绝对政治领导下的事业体制，转为逐渐将市场行为和产业运作纳入文化管理体制中，使文化管理进入双轨制的阶段。在自主开发、自主经营、自负盈亏的市场经济下，竞争机制是发展的重要动因。竞争中不仅可以让人力、财力等在产业间和产业内、企业间合理的分配，实现资源最优配置和经济福利最大化的发展，还会形成产业结构，促进产业的良性发展。1992 年，国务院颁布的《关于加快发展第三产业的决定》，进一步明确划分了农业（第一产业）和工业、建筑业（第二产业）以外的其他产业，把文化事业正式列入第三产业。包括文化行业在内的第三产业在国民经济发展中的重要地位在《决定》中被充分肯定，文化部门由国家财政支出型部门定位为生产型部门，允许经过审批的各类文化经济实体参与社会化的生产和制作，以便充分利用社会资源和发挥市场调节作用。通过进行公开、公正、公平的市场竞争，精神文化产品的生产可以逐渐向市场化、社会化和经营化过渡。1996 年十四届六中全会通过的《中共中央关于加强社会主义精神文明建设若干重要问题的决议》，又进一步提出了文化体制改革的任务，以及推动文化建设走向繁荣和发展的一系列方针。在文件中，强调了文化体制改革要符合我们社会主义国家精神文明建设的要求，遵循文化发展的内在规律，探索和发挥市场机制的积极作用。

北京、上海、广州、深圳等经济较发达的省市，率先在实践中加大了文化管理部门自身改革的力度。以体制创新为重点，将文化管理的政府职能和文化经营的产业功能分开，深化了文化艺术单位的内部改革，建立起激励竞争机制。同时，结合当地的文化、经济发展实践，相继制定了各自的文化发展目标和任务。

2000 年 10 月，《中共中央关于制定国民经济和社会发展第十个五年计划的建议》在中国共产党第十五届五中全会通过，在中央正式文件里第一次提出了"文化产业"这一概念。文件要求，要进一步完善文化产业政策，推动有关文化产业发展，加强文化市场的建设和监管。产业化的生产方式是社会化大生产的高级运作方式，它不仅有别于手工作坊式的封闭的自然经济的生产方式，而且是对传统计划经济体制下的生产方式的一种超越。"文化产业"概念的提出，标志着我国对于文化产业化的承认和对其地位的认可。2002 年在党的纲领性文件十六大报告中，强调"发展文化产业是市场经济条件下繁荣社会主义文化、满足人民群众精神文化需求的重要途径。完善文化产业政策，支持文化产业发展，增强我国文化产业的整体实力和竞争力"[①]。这一具有新意的表述，体现了我们党对文化意识形态规律、对文化艺术现象在认识和理解上的深化和准确把握，突出在经济建设和文化发展战略上的远见卓识。结合国内各省市对于发展和实践文化产业的积极反应来看，基本形成了发展文化产业的良好氛围，文化产业与城市发展的关系日益密切。在产值规模、行业拓展、企业组织等方面，都发生着积极的变化，其中文学出版等行业的产业化进程推进得很快。

实际上，对于中国的历史文化语境而言，"文化艺术"与"产业"或者说文化产业化，在传统观念中是很少被放在一起同时提及的。与"文化"相连的词汇一般是"事业"，文化建设一直采用的是计划经济下由国家统一

[①] 江泽民：《全面建设小康社会开创中国特色社会主义事业新局面——在中国共产党第十六次全国代表大会上的报告》，人民出版社，2002，第41页。

规划、统一领导、统一步调的"事业型"模式[①]，文化生产的意识形态等上层建筑性质以及非商业性是国人长期以来的共识。而文化产业概念的提出，呈现了随着现代科技革命的推动、市场经济的成熟，文化除了上述属性外，还有其产业属性的一面。在新的历史条件下，文化事业与文化产业是中国文化建设过程中既有交叉渗透又各自独立的不同形态。前者作为重要的社会公益事业之一，向社会提供着公共产品和公共文化服务。其活动过程中尽管会有一定的门票收入、稿酬收入等，但远不能达到其文化生产活动所付出的成本。因此活动展开和建设所需要的资金主要依靠政府财政部门拨款，主体的主要行为是非营利的经营活动。文化的产业化发展，主要是指文化生产和建设从按行政方式运作的计划体制向市场经济体制下按产业生产方式运作的转轨。在转轨过程中，生产、投资、流通、消费等环节按照商品经济规律、现代产业标准进行，文化产品进一步走向市场化并强调规模化。产业化是文化生产现代化的基本方式，它预示着政府管理文化、发展文化的新思路、新途径。

二、文学的市场化生存

第一，陈福民在《文学需要市场——但不等同于市场》一文中曾指出："我们面临着一个巨大的文化变迁时代，这导致了文学正在经历着从创作到策划、从作品到商品的变异过程。现在普遍的倾向是强调文学的消费性，强调文学作品作为商品的属性，这一点无疑有它的合理性。"[②]的确，在市场经济的语境中，文化艺术交流已越来越依赖并通过市场来进行。市场需求要求文学作品以商品形式出现。市场，是将文学的艺术价值转化为经济价值的

[①]1984年全国编制会议上印发的《关于国务院各部门直属事业单位编制管理的试行办法（讨论稿）》中对"事业单位"是如此界定的："凡是为国家创造或改善生产条件，从事为国民经济、人民文化生活、增进福利等服务活动，不是以为国家积累资金为直接目的的单位，可定为事业单位。"

[②]陈福民：《文学需要市场——但不等同于市场》，《文汇报》2004年7月4日。

重要场所。文学的市场化生存，首先在于文学的"商品"属性。

从经济学的角度看，商品是劳动产品在社会一定历史阶段上所采取的社会形式。社会分工、不同职业的细化发展、产品的流通和交换不仅是生产者的生存手段，也是社会发展需要，并同时确证了劳动者个体或集体的生产活动对社会生活的价值和意义。"商品"凝结着人类社会劳动的智慧结晶、体能技能，具有使用价值和价值（交换价值），具有鲜明的"人为性"与"为人性"特质，内在地蕴含着利他性的互利原则。商品的上述属性，为人类社会提供了一个"我为他人，他人为我"的互利原则的基本范式。尤其是在社会主义社会中，人与人的关系是新型的劳动者之间的互助协作关系，是对消费者负责、对社会负责的劳动产品和活动的交换关系。因此现代社会每前进一步都伴随着生产活动商品化的充分展现，二者相伴相进。曾经有很多学者对文学艺术产品的商品化、文学走向市场不甚理解或深表忧虑，认为文学艺术与商品经济难以相容。其实，"现代性观念中所包含的专业分工和艺术自律等概念，已经为艺术蜕变为商品准备了前提与条件"[①]，文学生产无论怎样高雅和超脱，它也离不开世俗生活、经济生活。经济学的商品概念不包含任何褒贬的意义。文学艺术在市场经济条件下的商品属性和审美属性是共存的。其商业化的运作模式并没有限制艺术精品产生，市场中的文学尽管以商品化的形态存在，但这并不必然或直接影响文学的艺术精华。这就需要我们正确认识、实事求是地承认并自觉尊重文学艺术具有商品属性的客观事实，细致剖析文学艺术商品的市场流通过程。

马克思的商品理论告诉我们，任何凝结着人类抽象劳动的物品都具有交换价值，都可以按一定价格在市场上以商品的形式进行流通、交换。文化产品之所以具有商品属性，首先在于它是一种劳动产品。在其生产过程中凝结了人类的一般劳动，具有价值和使用价值。英国学者伊格尔顿曾鲜明地指

---

① 陶东风、金元浦、高丙中主编：《文化研究》第3辑，天津社会科学出版社，2002，第212页。

出，在西方，"文学可以是一件人工产品，一种社会意识的产物，一种世界观；但同时也是一种制造业。书籍不止是有意义的结构，也是出版商为了利润销售书场的商品。戏剧不仅是文学脚本的集成，它是一种资本主义的商业，雇佣一些人（作家、导演、演员、舞台设计人员）产生为观众所消费的、能赚钱的商品。批评家不止是分析作品，他们（一般地说）也是国家雇佣的学者，从意识形态方面培养能在资本主义社会尽职的学生。作家不止是超个人思想结构的调遣者，而是出版公司雇佣的工人，去生产能卖钱的商品"[①]。文学作品作为普通商品，它首先要以"物化"的形式，成为商品交换的基础，使得文学艺术的精神内涵和心灵想象成为交换和流通的可能。附着于一定的物质形态，这是形成商品交换的基础。作家的思想观念、情感态度、艺术取向等，无疑是需要借助于相关的语言物质媒介表达出来的，并凭借此物质形式达到交流思想的目的。这种语言物质媒介的体现形式，构成了文学艺术成为商品的基础，由此产生了进入市场、进行交换的可能性。

市场中的文学艺术，其使用价值主要是用来满足大众的愉悦身心、陶冶情操等审美娱乐需要的。通过其审美价值潜移默化的实现培养和陶冶生命个体以及群体全面发展的素质、能力及人生境界。人类对真善美的孜孜以求，向往美的天性和渴望，培育了文学艺术生长和茁壮的沃土。从美学意义上看，文学产品是实现美感的重要形式。使用价值是由人类的具体劳动创造的，文学艺术的美感愉悦价值、情感交流价值以及认识价值、教育价值、收藏价值等使用价值，是形成交换价值的基础。当然，文学的使用价值的表现形式与物质商品是有区别的，其核心内容却是隐藏或内蕴于语言背后的审美体验和精神慰藉，其使用价值并不因为它被购买、收藏、保存而失去其社会群体共享的性质。

文学的市场化生存其实是一个非常复杂的问题，也并不意味着会一帆风顺。以上只是从文学作为一种文化消费实践的商品维度进行了一种分析。

[①] 特·伊格尔顿：《马克思主义与文学批评》，文宝译，人民文学出版社，1980，第65页。

其实任何商品都有其自身特征，文学生产作为精神生产劳动的一种具体形式，尽管其产品在手段、形态、目的等方面与一般商品确实存在着不同（其实这也是不同商品间的共同差异）。但如果从作为商品的角度看，两者之间确实存在着通约性。正因为此，马雅可夫斯基在一首诗中曾深情地写道："我的劳动／同任何／劳动／都是相似的……人们什么时候才明白／诗——／就是劳动……"（《诗人—劳动者》）。

　　第二，当市场经济秩序逐渐建立，政治意识形态话语逐渐弱化，与市场经济体系相适应的价值观念、行为方式等就会迅速成为一种主导意识形态，并以一种同源性的关联方式渗透进社会生产生活的各个层面。既然文学具有商品属性，在市场体制中就必然地要遵循商品生产的基本规律。当市场意识形态、资本逻辑介入文学生产活动，对文学生产的内外结构、运行机制等发生现实的作用，必然导致文学的存在形态发生变化。当然，文学可以坚守其纯洁性并保持独立自由的品格，可以躲进想象中的艺术殿堂。但现实的种种世俗境遇势必会对作家的文学观念产生或多或少的影响。我们不难发现，在文学市场化的过程中，一些作家竭尽全力寻找"突围"和自救之路，从社会生活和文化时空的各个向度寻找自身的生存和发展机遇。"必须解决可读性问题，只有使读者对作品产生阅读兴趣并迫使他读完，其次才可能谈及接受的问题。我当时感到的一个重大压力是，我可以有毅力有耐心写完这部四五十万字的长篇，读者如果没有兴趣也没有耐心读完，这将是我的悲剧。"[①]这是陈忠实在《关于〈白鹿原〉的答问》中对文学可读性的意义所着意强调的。

　　"文变染乎世情，兴废系于时序。"在市场空间中，文学所置身的整个社会的生产机制已发生转轨和裂变。与之相伴的是，出版社在文学贸易的三角构形中的位置已越来越高，文学创作者与消费者之间的直接交流和对话的场景日益被挤压。文学出版作为一种生产、传播中介，在 20 世纪 90 年代后

---

① 陈忠实：《关于〈白鹿原〉的答问》，《小说评论》1993第2期。

比此前的任何时候对作家写作的潜在影响都要大，并成为推动文学发展的重要力量。而站在滔滔商海边际的一些作家也就越来越依赖于这一中坚力量。也就是说，随着行政调控的削弱和市场调控的强化，计划经济体制下文学创作的作家本位转变为市场体制下的读者本位，文学创作和出版、传播、接受的位置正在发生着不对等的变化。传统的文学生产是以作家创作为主导。而当下在文学生产链条中，替而代之的是以"出版主导"或"读者主导"为主。"文化生产的资本化，根据弥也殊的说法，大约有如下迹象：由文化孕思（文学、艺术家的作品），到产品实现为贸易性的商品（报纸、唱片等），到商品变成金钱（发行销售），必须通过制作人（譬如主编）的介入。他的介入是具有强烈的决定性，也就是把独特的文化价值变为市场交换性的产品。"①在文学进入市场运作之后，检验作家的创作水平、社会影响、绩效和身份认可较之以前有了较大的改变。读者的接受、大众的关注和出版媒体热捧的程度是检验作家作品的核心和关键因素。文学生产最终成为满足文学市场需要的商品生产。

资本扩张的需要和经济利益的诉求正在影响和改变着文学的社会功能和审美取向。艺术女神最终被作为一种商品与经济巨人走向联姻，被纳入了产业化、商业化的运作轨道。有别于计划经济体制下文学生产的一元化和非商品生产性质，市场语境中的文学，具有多种可能性。不仅是精神财富，也是一种可以开发的经济资源，具有了经济价值和新经济功能。作为精神产品的文学艺术是作家把自己对世界、对人生、对社会的理解和感受转变为文学话题后，出版社又将这些文学话题转化生成为大众阅读话题。文学的市场投资和作家创作已越来越关注读者大众的阅读需要对于市场的直接影响，哪些作品有市场价值，有多大的市场价值等问题成为一种必然的商业性考虑。出版人或投资商的资金投入呈现为越来越突出的商业化。在密切注视受众市场

---

① 叶维廉：《殖民主义、文化工业与消费欲望》，见张京媛主编《后殖民理论与文化批评》，北京大学出版社，1999，第377页。

的同时，机敏地捕捉着具有畅销元素的写作资源，并将资源优势转化为市场优势和产业链条优势。1993年，辽宁省的春风文艺出版社首创以"商标注册"的形式对文学作品的出版进行商业化运作，策划出版了"布老虎"丛书。出版人全程策划了作家人选、包装宣传、发行时机、稿酬标准等，并在作品文本中配置和穿插了大量的畅销因素。再如曾一度成为文学出版界"抢手山芋"的"谍战"文学。卧底、斗智、情报、悬疑、情爱、暴力、刑讯、信仰等元素及其"惊险美学"形式使谍战文学与生俱来地具有了更多"看点"和"卖点"。将流行元素与历史题材有机结合起来的《暗算》《潜伏》《刀剑上行走》等"谍战文学""谍战影视剧"，不仅成功实践了影视与出版互动的良性模式，也使"谍"文化一时洛阳纸贵。再如1999年的文学类畅销书《逆风飞飏》。当时IT行业的动向是社会热点，微软公司中国总经理吴士宏辞去了多少人梦寐以求的职位，引起了媒体的震动。出版人立即抓住这一素材，使得这本讲述个人成长经历的图书连续几个月荣登畅销书榜首。由此也带来了名人自传出版的长盛不衰。因为这类图书创作周期短，易于高产并快捷赢得经济利益。同时，出版商也在试图打造职业畅销书作家，如《玉观音》的作者海岩，他创构的"警察"加"爱情"叙述模式一直颇为畅销。"各出版社为争夺畅销书市场开始扶植各自的畅销书作家，将使国内畅销书出版蔚为大观。这一天如果到来，便标志着国内畅销书机制已经形成，并迈向了成熟。"[1]

　　我们说，市场经济语境下，文学出版已经由单纯生产型转变为生产经营型。其作为文化产品的生产和经营主体，在与市场机制相互调整、相互适应的磨合过程中，使得文学市场化逐渐成熟。畅销书机制随着时间的推移会逐渐变得成熟和完善，在促进文学的流通与传播，促进文学购买与收藏，从而提高大众审美能力，吸引更多的文化投资等方面无疑会起到积极的推动作用。但市场经济在对文学生产力起着解放作用的同时，也引发了一些新问题。如果说计划体制下市场、商品等范畴对于文学生产来说可能是外在的或形式

---

[1]伍旭升：《大轰动——中外畅销书解秘》，广州出版社，1993，第183页。

的，但当下市场规律已深入文学活动的核心之中，成为一种内在法则。"艺术今天明确地承认自己完全具有商品的性质，这并不是什么新奇之事，但是艺术发誓否认自己的独立自主性，反以自己变为消费品自豪，这却是令人惊奇的现象。"^①最明显的表征——即一些作家主动向市场靠拢，其创作也越来越通俗化、商业化。可读性、可感性的"文学资源"比以往任何时候都更受到重视。因为它与产品的发行量和印刷量等市场指标、商业价值密切相关。文学策划对文学畅销书生产起着重要作用。出版社的策划和编辑在文学生产的整个过程中，从选题策划、作家选择、市场营销、话题选择到读者群的定位，都起着决定性作用。"他们也许属于这样一类人，'既不读又不听，然而对文学作品却有着某种概念'。他们和要写的作品之间，有着某种意义关系。他们根据手下工作人员的报告，或者自己亲自阅读，然后根据市场的需要、社会政治气候和他们个人的文学观念、偏好，来决定是否出版该作品。他们的决定，对作品的最终完成即成书至关重要。从这个意义上说，书商也是创作主体、真正的作者，作家只是写作工具而已。"^②作为市场经济的生成物，文学类畅销书自然摆脱不了被"市场化"的命运，当所有的畅销书排行榜都以销售量为最重要的参照系数的时候，很难说不会导致整个社会阅读水准的下降，读者与高品质的文学经典的远离。畅销的就一定是最好的吗？

此外，文学体裁在市场中的占位也出现了新的历史迹象。追求精致且个人化色彩强烈的诗歌文体，以及文学描写简洁且专业化的剧本等体裁基本上退出了畅销书的舞台。而从90年代中期开始，长篇小说的出版数量却大幅度增长。在原来每年200多部的基础上不断攀升，2000年为700部、2001年为800部、2002年突破了1000部，近年一直保持这个水平。长篇小说成为出版业的主打的文学形式。^③个中原因虽然有国家重视长篇小说创作

---

① 霍克海默·阿多诺：《启蒙辩证法》，洪佩郁、蔺月峰译，重庆出版社，1990，第119页。

② 金华：《文学的商品性对文艺理论的冲击》，《乐山师范学院学报》2001年第3期。

③ 杨匡汉：《漫说当代文学生态》，《广州文艺》2005年第2-3期，第66页。

的宏观政策的推动，长篇小说具有世俗性、大众化等文体特质。但更主要的，还在于长篇小说的产业链条所带来的巨大经济效益。

第二节　出版社的转轨与"自由作家"的浮现

一、文学出版的困境与新生

第一，"出版"是畅销书生产机制的一个重要环节。出版社和编辑群体，构成了畅销书的生产机构和人力资源，策划和引领着畅销书的制作及走向。我们知道，1949 年新中国成立后，由于历史境况和具体国情的需要，包括文学在内的图书出版领域一直深受政治政策因素的影响。出版的主体由以民营资本转为公私合营再到全民所有。在"文艺为工农兵服务，为无产阶级服务"的理念下，出版业始终坚持单纯生产模式。即出版机构的图书生产严格按照计划经济的方式实行出版、印刷、发行的专业分工，形成了出版社编辑出版、新华书店"统购统销"的格局。1973 年 7 月，国家出版事业管理局成立，统一管理全国的出版、印刷等工作。在计划经济体制下，出版业作为一种文学的生产传播媒介，具有非经营性。出版机构遵照国家的指令性计划选择合乎文化政策要求的出版内容和出版对象，发挥着文学的社会传播作用。在这种文化体制下，文学出版作为传播文艺作品的主渠道，是党和国家的重要思想文化阵地和舆论工具，承载着意识形态建设任务。对于出版社而言，其主要职责只是"出书"，至于图书的销售，完全由各地区的新华书店承担。

1978 年党的十一届三中全会，做出了把党的工作重心转移到社会主义现代化建设上来的战略决策，提出要多方面改变同生产力发展不相适应的生产关系和上层建筑，改变一切不适应生产力发展的管理方式、活动方式和思想方式。这在思想上为出版社出版机制的转轨创造了良好的环境。因为随着

"解放思想"程度的加深，民众对精神文化需求的欲望越来越强烈。不仅著书、写书的人多，读书的人也多起来，图书的需求量有水涨船高之势。而以新华书店作为主要发行渠道的发行体制也就不能满足图书市场的需求，体制改革势在必行。

20 世纪 80 年代是中国图书出版事业初步发展时期。1983 年发布的《关于加强出版工作的决定》，充分肯定和落实了地方出版社不受"地方化、群众化、通俗化"的限制的政策，极大地激发了地方出版社的出版热情。1986 年，为了提高出版管理能力，国务院将 1982 年划归为文化部的国家出版局恢复为国务院直属机构。在计划经济时期，图书的编辑出版是一个以编辑工作为核心的出版过程，编辑人员和读者市场缺乏直接的有效沟通，这使得许多图书的读者定位不够准确，造成积压或销路不畅。尽管这时的出版业已被推向市场，其事业管理体制还是存在于旧的体制框架内，体现着计划经济体制的特点，并没有建立起真正的文学市场。本身是企业性质的出版业，在体制框架内艰难前行。走向市场化生存的出版业，无法摆脱传统的管理体制、历史包袱等束缚无疑会导致运转不畅，尚不具备或不足以在文化市场中获得一种独立成熟的产业资格。20 世纪 80 年代初国家推出的"一主三多一少"①的政策可以说是一次重要转折。出版业的"单纯生产"模式开始被打破，逐步向生产经营型过渡。1984 年在哈尔滨召开的地方出版社工作会议更为明确地提出：出版单位要由单纯的生产型逐步转变为生产经营型，同时要适当扩大出版单位的自主权。同年，国务院发布了《国务院关于对期刊出版实行自负盈亏的通知》，要求出版社"独立核算，自负盈亏"，这一政策导向无疑促使了出版业向市场化、产业化转型。在政策变革、供求关系、体制改革等无形资产的带动下，畅销书的生产及其产业链条也渐露端倪。

---

① 即以新华书店为主体，组成多种经济成分，多条流通渠道，多种购销形式，少流转环节的图书发行网络。

1988 年 5 月，中宣部和新闻出版署联合发出了《关于当前出版社改革的若干意见》和《关于当前图书发行体制改革的意见》，提出改革的目标是建立和发展开放式的、效率高的、充满活力的图书发行体制，在完善和发展"一主三多一少"的基础上推行"三放一联"，即放权承包，搞活国营书店；放开批发渠道，搞活图书市场；放开购销形式和发行折扣，搞活购销机制；推行横向经济联合，发展各种出版发行企业群体和企业集团。

1992 年中国市场化改革以来，出版业也受此影响，发生了一些根本性的变革。国家多次出台政策对出版业的发展进行总体规划和宏观调控，新华书店独家垄断、统购统销的发行模式被彻底打破。在这个过程中有几个重要的阶段值得关注。首先，突出表现在"二渠道"上。"二渠道"即指民营资本介入图书发行，这打破了新华书店在发行上的垄断地位，为广大书商提供了更多机会，也使得图书的出版发行行业迎来了"百花齐放，百家争鸣"的盛景。其次，出版行业的生产经营型模式，也促进了出版社由中介地位到主体地位的转型。以往，出版社一直处于作者和读者之间，扮演着中介的角色。然而 90 年代中期后，一些集选题策划、组织编写、装帧设计和出版发行为一体的出版工作室的出现，并且特别是在市场经济背景下，图书的商品观念深入人心后，出版社的主体性凸显，出现了签约作家、创作团队等现象。出版社与部分作家之间还形成了"雇佣关系"，这进一步深化了图书的商品性质。出版行业由单纯生产型向生产经营型转变，打破了传统的出版秩序，顺应了市场化的发展，出版社也自然而然地成为畅销书生产链条上的经营主体。随着大陆与港台之间沟通和联系的加强，港台的通俗文化和流行文学广为流传。内地的通俗文学和人物传记在 20 世纪 90 年代也全面流行起来，相继出现了"王朔小说热""张爱玲作品热"，以及名人传记等一系列畅销文学作品。青春文学、网络文学、魔幻类图书等大量涌现，进一步推动了畅销书市场的繁荣。

在文化出版日趋市场化、信息化、全球化的时代，还处于成长阶段的中国出版业面临着更多的挑战。1992 年，中国加入《伯尔尼公约》和《世界版权公约》，正式进入全球化时代的图书出版角逐之中。因此需要积极地寻求一条与时代发展相适应、与国情现状相契合的发展之路。1992 年 4 月，新闻出版署召开党组扩大会和部分省市新闻出版局局长会，提出出版社的组织制度改革，加强出版行业的联合，进行出版、印刷、发行企业集团的试点^①。在重组的过程中，一些出版发行企业通过产权多元化和建立现代企业制度，在管理模式上推进集团化，逐渐实现了与社会资本乃至外资的逐步融合，增强了出版企业的整体实力和市场竞争力。20 世纪 90 年代后，中国出版业由文化事业向文化产业正式转轨，出版社由事业单位向企业单位的转变开始启动。提到"产业"，不禁让我们联想到"利益"。的确，作为一项产业，就必将要与利益相关联。然而，出版行业的产业化只有兼顾经济效益和社会效益才能更好的发展，因为它肩负着文化传播的重要使命。对此国家也采取了适当的宏观调控措施，保障其健康有序的发展，如相继颁布了《出版管理条例》《印刷管理条例》等法律法规。1995 年颁布了《关于书号总量宏观调控的通知》，该通知的基本原则是：建立书号发放的激励机制，根据出版社表现情况，将其分为优秀、良好或一般或有问题三档。两年考核一次，决定使用书号的数量。对表现好的出版社免于控制。2001 年，中共中央批转了中宣部、广电总局、新闻出版总署《关于深化新闻出版广播影视业改革的若干意见》（以下简称《意见》）。《意见》提出文化体制改革要以发展为主题，以结构调整为主线，以集团化建设为重点和突破口；着重在宏观管理

---

① 首次试点单位分别为：四川出版集团（1992 年 9 月），江西出版集团（1993 年 2 月）。从 1998 年 12 月起，新闻出版署再一次批准 6 家改革试点出版集团，分别是：广东省出版集团（1999 年 12 月 22 日挂牌），上海世纪出版集团（1999 年 12 月挂牌），辽宁出版集团（2000 年 3 月挂牌），中国科学出版集团（2000 年 6 月成立），北京出版社出版集团（1999 年 7 月成立），山东出版集团（2000 年 12 月 12 日挂牌）。2002 年 8 月，新闻出版总署对各类集团的基本条件和审批程序做出规定，明确了出版集团、期刊集团和报业集团实行企业化管理，实现资源共享、优势互补，提高企业创新能力和综合竞争能力。在此期间，江苏出版集团和中国出版集团先后成立。

体制、微观运行机制、政策法律体系、市场环境、开放格局等方面积极进行探索创新，以进一步增强活力，提高竞争力。2002 年，党的十六大报告明确提出"积极发展文化事业和文化产业""深化文化体制改革"等重要举措，有力地推进了新一轮的文化体制改革。综而观之，目前中国出版业的整体规模偏小，没有形成大规模的竞争力；产业结构不太合理，需要进一步优化；供应链间的信息沟通不畅，供应链中缺乏核心企业，导致信息断裂、重复、效率低下。此外，出版业在市场主体的打造、书号资源的管理、相关法律法规的完善、市场体系和秩序的规范等方面也需要不断地实践和完善。

第二，"自从文学成为商品的合法性在新时期文学运动之中得到确认以来，无论是文学期刊，还是文学出版社，都同样面临着如何实现经济效益的现实选择，而这一现实选择在实际上又成为一个面临市场的两难选择：第一难就是在行政投入的生产资金逐渐断奶之后，如何运用行政赋予的出版权力来实现经济效益；第二难则是在实现经济效益的同时，如何满足主流意识形态所提出的社会效益要求"[①]。出版社要想在市场经济体制下稳步生存和发展，就需要在行政认可和市场份额之间求得一种平衡。也就是说要兼顾图书出版的社会效益和经济效益，探求文学生产走向雅俗共赏的路径，进而扩大文学的传播空间与社会影响范围。由于行政投资有限，文学出版社不再在计划经济体制下单纯地为了完成上级下达的指标而生产，就只能投身市场求得效益，青睐于有着广阔市场空间的大众文学、通俗文学的生产，这就越来越不利于严肃文学的生存与发展。在这当中，畅销书作为一种具有经济诉求的文化产品，在市场模式中具有强劲竞争力，无疑成为出版社生存和发展的新型出路，图书产业也因畅销书的存在而显得活力澎湃。由此，20 世纪90 年代以后的文学畅销书在 20 世纪中国文学的总体构架中无疑享有重要的地位。

畅销书的发展历程和运作机制是与市场经济紧密联系的，没有成熟的

---

① 郝明工：《"后新时期"文学运动形态试析》，《重庆师院学报》2003年第1期。

市场体制就产生不了真正意义的畅销书。国外畅销书业发达的国家，是与其百年来日趋成熟的自由市场经济体系紧密相连的。中国进入 20 世纪 90 年代以来，随着市场经济的建立和完善，畅销书业也随之产生和建立，并进入快速发展阶段。但畅销书的生产既要遵循文学的内部意义的逻辑，又要以商业化的规律运作。"出版社兼具商业性与文化性的双重特性，畅销书成为所有出版社首要的努力方向，没有畅销书带来巨额的经济利益，出版社的生存就会成为问题，而出版社的文化属性也就无法体现。因此，畅销书成为一个出版社衡量其成功与否的重要标志。"[1]

与其他发达国家相比，我国的畅销书产业可以说还停留在初级阶段。中国出版业对畅销书的自觉性关注可以说始于 1991 年。这一年，中国书刊发行业协会组织了一次全国优秀畅销书评选活动，"畅销书排行榜"也被引进到了国内。1997 年 1 月 24 日的《中国图书商报》刊载了 1996 年发行量最大的书，实际上就是一个年度畅销书排行榜；1997 年 3 月 7 日的《中国图书商报》把 1997 年 1 月全国畅销书分为文艺类和非文艺类两类，按照销售册数由大到小列出了前十本（套）图书，并注明"本排行榜根据全国 30 个大中城市新华书店中心门市部销售数据综合而成"。此后，畅销书排行榜便以"× 年 × 月全国畅销书排行榜"的形式不定期在该报上登出。"在市场经济体制下，出版产业机制发生变革，图书市场运作机制从初露锋芒到渐趋成熟，许多出版社成立针对图书销售市场的选题策划中心和工作室，各大城市书店纷纷出台畅销书排行榜，一些紧密关注书界动态的报刊也开始开辟畅销书排行榜分析专栏。"[2] 目前专职从事公布畅销书排行榜并且进行市场分析的主要机构有北京开卷图书市场研究所等。畅销书排行榜已经广泛出现在各类相关媒体上，上榜畅销书作为受众面大、销量广、销得快、影响大、时尚性强的图书，已成为读者购书、参评图书质量、形成审美趣味、研究图

---

[1]《畅销书：特定时期社会文化心理的反映》，《中国图书商报》2007 年 2 月 24 日。
[2] 张文红：《"畅销书"概念内涵及衡量标准探析》，《北京印刷学院学报》2009 年第 6 期，第 29 页。

书出版动态的重要参照因素。

二、"自由作家"的浮现

第一，正如佛克马和蚁布思在《文学研究与文化参与》一书中所提道的：人类是不能离开身份而生活的。对于身份的辨识和确认，是人类主体性的重要表现。"作家"的身份和地位作为当代文学内部秩序的一个重要组成部分，它的转换、变更以及确认，呈现着特定历史时期作家的生存状态和精神境况。1949 年新中国成立后，作家的社会地位、政治地位，以及经济条件较之解放前有了大幅度提升。但同时，民族独立的新型国家，也需要作家形成新型的思想方式、情感方式以及书写方式，进而参与新世界的建构和创造。国家政权的夺得，并不必然意味着在精神文化领域也获得了全国性的胜利，新中国意识形态领域的建设依然是一项重要的任务。中国共产党除了加强对知识分子作家组织上的管理外，也促使作家在思想意识上向新型意识形态聚拢。这一过程的实现，首先体现为作家身份的"等级"的重识归属。在欢庆胜利的凯歌声里，分属于解放区和国统区的两支文艺队伍在解放了的土地上会师，为新时代、新生活以及它们的缔造者歌唱。但"会师"的文艺队伍的不同政治资源和背景成分，使其在新的话语场域中并不具有同等的地位和价值。来自延安和各解放区的作家，由于他们亲身参加过革命斗争，普遍拥有政治资源和组织身份。同时，解放区工农兵的生活经验使其掌握着大量的文学书写资源，这使他们无疑享有着主流作家的身份。在解放区作家队伍的构成中，以赵树理、马烽等为代表的土生土长的农民型作家，凭借对农民话语的熟稔和对民间艺术形式的熟练把握，曾在解放区文化整合中起到了先锋作用。这种政治身份的纯粹以及与主流文学意识形态观念的契合，自然而然地使其成为新中国成立初期文坛的主力军。解放区作家中还有一类群体，如丁玲、何其芳、艾青等，他们是在新文学传统影响下奔赴延安、追求光明的一族。尽管在《在延安文艺座谈会上的讲话》后他们大多成为工农兵文学观念的认同者，新中国成立后也拥有一定的社会声誉与组织归属，但小资产阶级知识分子的身份来源使他们的身份结构以及在文学场域中的"占位"呈现出复杂状态。来自国统区的左翼作家,如郭沫若、茅盾等人,作为左翼文学界的领导者和重要作家,其资格和政治地位是不容置疑的。而来自国统区的大多数民主主义作家,如巴金、老舍、曹禺等人,新中国成立前一直是作为左翼文学的同路人,是被争取的对象。由于他们有着很高的文学声誉,同时与解放区政权一直保持着和谐的合作状态,他们自然而然地受到新生政权的器重,获得了较高的社会地位。但由于对解放区工农兵文学经验的陌生,导致新的文学风格与其情绪经验难以融合,常令他们感到身份的危机与焦虑。

一方面,在当代文学"十七年"时期,作家的"组织化"是整个建构新的意识形态的一个组成部分。由于文化艺术工作一直被看作和理解为一项集体的事业,是国家和党的事业的重要组成部分。包括作家在内的文艺工作者遂被纳入整个国家体制之内,各级作协、文化部门以及宣传部门等等成了他们的组织、单位。作家被划归为国家干部行列,他们多成为有关教育、文化以及文学机构组织的干部或成员。由此,在现实政治层面,作家也随之具有了不可违背规约的组织身份,自由的审美创造者的身份面临着招致解构的可能。作家加入公家的组织,作为组织的成员,能享受到很高的政治地位,可以享受到各种福利待遇,工资和稿费也很高。但他们的个体身份必须符合组织的规约和需要,其创作应符合各个时期应予遵循的思想艺术路线,成为接受创作任务,赶制创作任务,完成创作任务的文学工作者。历史地看,这种组织化的体制运作方式规约着文学作品的生产、传播方式。对作家的文化活动、创作取向、艺术交流等起到了协调和保障作用,有效地保证了文艺作品的书写内容以及文艺的诸多实践活动。

另一方面,作家的阶级身份和思想观念在"十七年"时期又是一直备受怀疑、监管和批判的领域,这就不断导致了作家身份认同的尴尬和主体认知的混乱。他们对于身份的确认问题亦是相当敏感的。作为体制内的人,为了消除"小资产阶级的"自我意识和避免自身身份的危机,知识分子作家就经常通过自我批判、自我否定的方式来急切完成国家意志对于其身份的定位和认同。在中共中央、毛泽东的领导和直接介入下也发起、推进了一系列的文学运动和批判斗争。加入各级协会是服从党的文化领导的表现，也使作家获得了合法身份、地位和一定的政治保障，所以几乎所有稍有名望或可称之为"作家"的人都加入了相应的"单位"之中。1949年以后那种以卖文为生、专以写作为谋生方式的自由作家近乎绝迹。

第二，如前所述，以作协系统为核心对作家进行组织管理，是新中国成立后文学制度的一个重要方面。从性质上看，各级作家协会不是民间的群团组织，亦不是"自由人"的联合体，正如有论者所言，它是一个"类行政"的文化机构。由这个"类行政"的机构规划出的现实的文学秩序却在20世纪90年代逐渐松动和被消解。1998年，辞去公职的青年作家朱文与韩东、鲁羊等人共同策划，主持发起了一次名为"断裂"的问卷调查活动。[①] 根据调查结果，他们发现，原有的计划经济体制的残留形式及其文学秩序，比如各级作协、权威杂志等，控制和异化着知识分子作家。只有冲破这一体制的罗网，知识分子作家才有可能保持精神的独立和写作的自由。这一问卷调查活动引起了当代文坛的广泛关注，对现行的文学秩序构成了巨大的冲击和挑战。此后几年，文坛上不断出现"作家炒作协"等热点现象。例如宣布辞去山西省作家协会副主席职务的作家李锐，同时也退出中国作家协会。与之相伴的一个值得注意的现象是，另有一些作家挣脱了单位体制的规约，在体制之外走上了自我支撑、自谋发展之路。他们结合自身的生存理想，以自己的文学技能、创作实绩，按照文化市场资源配置的原则自主选择和自由呈现，在获得一定物质上的保障的同时，为读者大众创作出精神文化产品。

自由作家的浮出在20世纪90年代成为一个特定的文化现象，呈现着在具有综合和溶解功能的文学场域中政治、经济、技术等各种力量之间的博弈。计划经济体制下的部分国有单位市场化，最直接的变化就是从业者身份

①问卷调查活动面向全国73位青年作家，其中问卷的第九个问题是："你认为中国作家协会这样的组织和机构对你的写作有切实的帮助吗？你对它作何评价？"回答的作家中92.8%表示没有得到过作协的帮助，96.4%对作协持完全否定的态度。

的改变，由公家人变为社会人。在市场化体制中，每一生命个体都可以依据谋生手段或某种技能进入一种职业生存状态。作为一个普通的生产劳动者，作家和其他人一样，吃饭、生存、劳动和死亡。他需要把自己的精神劳动产品转化为商品，在文化市场交换，并从中获取相应的劳务费用，这是正当的，也是极其自然的。文学生产的市场化是从根本上对文学生产力的一种解放。文学生产的繁荣、文学的多姿多样、作家自我选择和自我决定与网络文学的繁盛等无不与文学市场快速发展有关。

　　伴随着文学生产机制的变革和转换，作家也在调整着自身的生存空间及活动规则，做出各自不同的生存想象和文学想象，选择自由的谋生方式。"一部分作家打破了'文不言商''士不理财'的传统，从纯净的'文学天国'降落于尘世，加入了实社会世俗化的进程。知识者和文学人一改往日的斯文'下海''办公司''搞企业'从事多种经营，由文人变成经济型文人。"[①]"市场"赋予了当代作家个人权利选择的最大可能性。王朔作为"文学个体户"，于 1983 年就开始专门从事文学写作活动，成为以写作为生的体制外作家。20 世纪 90 年代后，许多作家纷纷辞去公职或离职，希望能够按照自由的意愿做一个"自由人"。[②]虽然当前的稿酬制度不足以让大多数的作家靠写作就可以无忧地维持生计，但是大部分辞去公职的作家都表现出了乐观自信的态度，并且比较普遍地认为，以此可以获得充裕的创作时间和思考时间。[③]文学杂志《山花》主编何锐认为："自由撰稿人"将是 21 世纪的文学主力军。正是出于这一考虑，《山花》在 1999 年曾开辟"自由撰稿人"专栏，每期刊载一个自由撰稿人的小说并附作者就自由撰稿人话题撰写的文章，以期使

---

① 林哲敏：《上世纪90年代中国大陆文学商业化思潮分析与反思》，《语言文学研究》2009年8月上旬刊，第10页。

② 例如，王小波在1992年4月就辞去了中国人民大学会计系的教职而专事写作；同年，韩东也辞去了南京一所高校的教职；余华于1993年辞去嘉兴市文联的工作，落户北京专事写作；李冯于1996年辞去大学教职，从广西转到北京专事写作，等等。

③ 王洪、陈洁：《职业作家生存状况报告》，《中华读书报》1998年7月29日。

读者从中看见当代最活跃的一批"自由撰稿人们"的文学成就和生存状态。[①]这种自由不再通过一种权力庇护的方式获取，而是通过自我支撑和自我创造所达到的一种能够与权力共存的情形。以往作家是被神秘笼罩的人物，正如我们以敬畏之心去领会其文学作品。当这层面纱被揭开，作家身上的光环不再，他只是作为一位艺术审美的创造者，也是一个在社会分工中从事生产活动的职业劳动者。

市场本身的复杂性又带来了种种可能。作为以个人的创造性劳动获得经济收入的笔耕者，作家们通过审美想象掌握世界，在运用语言媒介和艺术手段使主体气质、人文情怀、精神追求得到自由表现的同时，需要从市场中获得生活资料和进行再生产、再创造的资本。在这一过程中，无疑会受到文学生产关系中多种因素的制约，例如市场消费状况、出版发行机制、稿酬制度等等。"一方面艺术家得到了更多的自由，但另一方面，艺术家的生活同时也有了更多的不安全感。"[②]造成这种不安全感的最主要原因是作家艺术家们要受到销售关系和经济危机的影响，经济上的风险随即伴随着作家的精神解放和身份转换一同到来。在市场的诱惑和商业意志的影响下，一些作家逐渐地远离了审美自由，成为商业法则的附庸。文学生产活动沦为仅仅是作为现实社会个体生命的一种职业生涯活动和谋生方式，文学创造转换为文本写作。为了获得利益最大化，商业手段经常被采用以促进作品的销量。"如文稿拍卖、文稿标价、作品炒买炒卖，注重作品包装、利用广告和大众传媒扩大作品的影响和增加其经济效益。"[③]深圳举办的"1993深圳首次优秀文稿公开竞价"的文稿交易事件，成为艺术劳动力作为商品按照市场规律确定"身价"的具体体现。

身份本身是一种"被建构"的过程。"作家身份，关系到作家的社会

---

① 陈霖：《论大众传播与当代中国作家的身份确认》，《苏州大学学报》2004年第2期。
② 珍妮特·沃尔芙：《艺术的社会生产》，董学文、王葵译，华夏出版社，1990，第55页。
③ 林哲敏：《上世纪90年代中国大陆文学商业化思潮分析与反思》，《语言文学研究》2009年8月上旬刊，第10页。

组织形式，也关系着作家对创作客体的想象方式，甚至影响着作家的创作理念、创作技法和审美意识。"①在市场化时代，当作家的社会身份认同越来越趋向于建立在市场消费的评价指标或数据之上，其身份的确认就会再度走向单一的标识，即作品在市场中的受欢迎、受追捧程度。市场化的历史进程依旧在行进之中。市场在最大限度地使作家的精神和身体获得空前舒展的同时，也以商品的逻辑框划着自由的审美创造。当作家自我权益和自由书写空间被社会场域中形形色色的力量不断侵占和剥夺的时候，文学活动的理想化诉求和美好境界显然是一种奢望。先锋作家洪峰的"街市乞讨"和"流浪挨打"带给我们的不仅仅是痛心。笔者以为，如何在新的文化语境中加强文化资助与艺术保护，依旧是一个无法回避的重要的历史课题。

第三节　文学畅销书双重属性与读者二元身份影响下的文学接受

毋庸赘言，随着市场经济体制的确立，中国商品经济的步伐由踟蹰不前到阔步前行，随之带来了商品意识向社会全面的渗透。中国的市场经济是在政府主导下向前推进的。因此，商品意识向意识形态（政治）领域的渗透和扩张有着政治有意识的退让和社会体制主动转轨的意味。而文学时刻与时代保持互动发展的状态，势必处于中国社会历史、政治、经济等变革的同频共振中。各种文学成分、文学力量的分化、抗衡、重组，以及文学形态的重建、市场经济和全球化语境下文学空间的扩容与转换，接受与传播方式等方面发生的整体性、全方位的转型等等，构成了当下文学发展的曲折历程，生成了文学的种种复杂形态。在这当中，作为具有时代标志性质并折射出时代精神走向和价值观念的重要文化现象——"文学畅销书"在中国如雨后春笋般蓬

---

① 房伟：《作家身份结构与新时期文学》，《小说评论》2010年第6期。

勃生长起来。文学畅销书是文学市场化运作的产物，没有经过市场化的运作，不可能产生真正意义的畅销书。文学畅销书是文学市场化运作后的精神"消费品"，它除了具备知识属性和审美特征外，还是同时带有"物"的特性的文化"消费品"。读者既是文学作品的鉴赏者，又是购买"消费品"的消费者。读者的二元身份与文学畅销书的双重属性能否契合是决定文学作品能否畅销的关键性因素。读者的文学阅读与消费是文学活动的最后环节，这一阅读与消费行为结合市场运作、大众媒介和社会舆论与批评等外力因素，对文学畅销书生产形成制约性力量。同时，对文学市场化的推广也会产生直接而深刻的影响。20 世纪 90 年代，相对大众文化蓬勃发展所出现的文学生产繁荣景观，文学接受方式悄然无声地发生了深刻的变化。"不管我们自己是否愿意正视和证实，文学的阅读方式（乃至艺术的阅读方式）在最近的一些年中确实发生了某种并未经过大肆声张的变化。就其历史沿革意义而言，把这一变化称之为'革命性'的，似乎也不为过。"[①] 这种阅读方式的变化，实际上反映出 20 世纪 90 年代文学在市场经济和全球化语境下，其前端——文学生产与最后环节——文学消费双方的互动、分化、融合、重组、重建等文学活动的复杂形态。

一、作家主导下的文学生产与文学接受

如果把 1993 年作为时间节点，以文学接受和文学生产作为视角，考察当代文学发展历程所呈现的复杂形态，我们明显地可以看出：在当代文学前三十年，文学阅读或接受是在作家主导下有着鲜明集体性的阅读趋向和价值取向。这里所说的"作家主导"并不是完全以作家主体的文学观念去进行文学创作，引导读者对文学的接受和欣赏。作家的"文学观念"被坚硬的国家意识形态外壳所包裹，在文学领域的有限空间里，规范和控制着作家的文学

---

① 张福贵，黄也平，李新宇：《二十世纪中国文学的文化审判》，时代文艺出版社，1999，第231页。

活动。尽管这种国家意识形态"一体化"控制使得毛泽东文艺思想在延安取得极大成功之后，在新中国成立初期得到顺利落实，由局部的经验推广为全国范围的整体性的实践。但在中国社会发展过程中，处理个人与集体、民族与世界、民主与规约、大众与精英等现代性矛盾时，在"一体化"统治下的简单化处理方式，以及对当代文学建构初期的规范与控制，构成了当代文学的不确定性。"当思想领域控制过于紧张，文艺创作和研究明显失常的情况下，便会出现一些宽松的方针和政策；而当文艺创作和研究超越了限定的范围时，又会出现紧缩的方针、政策甚至运动。这些都是新的现代性焦虑的反映。超越了资本主义和它所缔造的现代性问题，并不意味着中国现代性问题的终结。而中国当代文学的发展，恰恰从一个方面成为中国现代性的'表意形式'，而它的'不确定性'也构成了自身发展的特征。"[1] 这种不确定性是以"政治标准第一，文学标准第二"作为处理文学活动所出现矛盾现象的标准和尺度。其结果是文学成为政治的依附品和工具，作家处于学习、批评、批判、检讨、忏悔等思想改造中。在这样的社会语境下，文艺工作者的表达形式就是"一些人放弃了专业研究，宁愿以沉默换取平淡或是平静的生活；一些人不再表达独立的思想，在平庸的流行的思想中，放弃了学者的尊严、使命和责任，付出的则是道德准则和理想主义的代价"[2]。如 1951 年萧也牧公开发表的《我一定要切实地改正错误》一文（《文艺报》5 卷 1 期）[3]，文中萧也牧对自己创作的《我们夫妻之间》《海河边上》《锻炼》三篇文章所表现的"庸俗的小资产阶级不良倾向"进行了彻底检讨，认识到错误的根源是"自己的小资产阶级立场、观点、思想未得到切实改造的结果"，"已经走到错误的悬崖的最边沿"，"有决心一切从头来过，脱胎换骨地改造自己，取得真正的无产阶级的立场的"，"通过对自己的作品检讨，清算文艺战线

---

① 孟繁华：《中国当代文学通论》，辽宁人民出版社，2009，第7页。
② 孟繁华：《中国当代文学通论》，辽宁人民出版社，2009，第17页。
③ 洪子诚：《二十世纪中国小说理论资料》（第五卷），北京大学出版社，1997，第64页。

中的小资产阶级观点的错误，以此来参加保卫人民文艺中的现实主义反对小资产阶级倾向的战斗"等等。王蒙《关于〈组织部新来的年轻人〉》（《人民日报》1957年5月8日）[①]，文中深刻检讨创作中存在的错误，下决心全面、深刻认识生活，克服小资产阶级错误。这期间冯雪峰、茅盾、唐弢、郭沫若等大批作家、理论家、批评家都在各种场合做过有过类似的检讨，同时将检讨性的文章公开发表。他们深刻地认识、诚恳地检讨，展现改正错误的决心，反映出这一时期的文艺工作者如履薄冰的心理状态和充满无奈和遗憾的感伤。也反映出"一体化"下文艺制度对文学生产、生产方式、作家社会地位及作品数量和水平的重大影响。

毋庸置疑，"五四"新文化以来，大众文学取代了传统的古典的旧式文学成为主流文学。通俗小说是大众文学中最主要和最有影响力的文体。在从抗战到40年代受现代文学思潮影响和解放区的文学通俗化运动的实践中，通俗小说创作呈现一片繁盛的景象。这一时期解放区通俗小说的发展与国统区、沦陷区截然不同。国统区和沦陷区以言情、武侠、侦探类型为主，如张恨水的言情小说《虎贲万岁》《魍魉世界》，刘若云的《粉墨筝琶》，秦瘦鸥的《秋海棠》，李寿民（环珠楼主）的《蜀山剑侠传》，郑证因的《鹰爪王》，等等。解放区的通俗文学，伴随着延安文艺座谈会的召开和毛泽东的《在延安文艺座谈会上的讲话》的发表，其"反帝反封建""人民大众性""工农兵方向"的文艺理论在解放区得以全面贯彻落实。大众通俗文学成为新文学家手中的武器，成为新型的革命大众文学体，是解放区取得的唯一文学成就。如赵树理的《小二黑结婚》《李有才板话》；民歌"信天游"、秧歌剧等仿民间和化民间的通俗文学；有模仿旧章回小说的"英雄传奇小说"，如马烽、西戎的长篇《吕梁英雄传》，孔厥、袁静的长篇《新儿女英雄传》等。然而，进入共和国之后，"大众文艺或通俗文学成为共和国时代的主要文艺

[①] 洪子诚：《二十世纪中国小说理论资料》（第五卷），北京大学出版社，1997，第198页。

形式，不仅这一形式是大众喜闻乐见的，重要的是它对进一步巩固社会主义文化领导权，建构社会主义的文化空间所具有的功能性价值。"① 通俗文学并没有因其流行、拥有广大读者和对社会主义文艺建设所起的积极作用而受到礼遇。从 20 世纪 50 年代开始，传统通俗小说中的言情、武侠、侦探等类型的作品创作基本中断。虽然张恨水的《啼笑因缘》获得再次重版的机会，但其"封建性""买办性""泛黄性"的定性没有改变，始终处于被批判的尴尬地位。而这类作家的处境更是举步维艰。木呆的《通俗文艺家的呼声》（原载《文艺报》1957 年第 10 期）② 一文，真实地反映出传统通俗小说及作家在新中国成立后所处的"被压抑"窘境：这是由通俗文艺出版社主持召开的一次座谈会。应邀到会的通俗文艺作家有张恨水、陈慎言、张友鸾、金受申、李红等 20 人。木呆将座谈内容整理后发表。座谈会从以下四个方面进行讨论：一是瞧不起通俗文艺。说通俗文艺在文学领域没有一席之地，作家们心中产生自卑感，文学评论一提到通俗文艺，就是概念化、公式化、粗制滥造，使得作家不敢动笔。以张恨水为例，写了 80 多部书，2000 多万字，在群众中影响很大，《啼笑因缘》新中国成立前出了 27 版，虽然解放后有过再版，可一篇评论都没有。作协也对通俗文艺出版社采取关门政策，不通知开会，得不到支持，很少有书送到这类出版社。二是在棍棒下讨生活。来自文艺批评界对通俗文艺采取一概抹杀的态度，对一些作品则是一棍子打死的。在歪曲现实、没有思想内容的批判语境下，作家不敢写，提出"人民需不需要'下里巴人'、需不需要普及、为什么不给群众喜闻乐见的东西"的质问。三是定额高、稿费低。"今日定额十几万，几人乐意写章回"，作家们认为这是用行政观点来搞文艺工作。四是乱删乱改。各出版社对作家不够尊重，乱删乱改作品的现象很多，是粗暴作风，建议尽量保持原著，特别是古典作品的原著的色彩。种种限制、规约严重束缚了通俗文艺（应该是文艺

① 孟繁华：《中国当代文学通论》，辽宁人民出版社，2009，第129页。
② 洪子诚：《二十世纪中国小说理论资料》（第五卷），北京大学出版社，1997，第193-198页。

领域整体性的）工作者的积极性，创作题材的广泛性、创作内容的丰富性，使文学生产在低水平徘徊。据统计，当代文学史前 17 年共出版发表长篇小说 320 部。到 20 世纪 80 年代，在"一体化"的国家意识形态的统治下，文学主要是为政治服务的工具和手段，教化意义远远高于文学揭示心灵世界的人性反映，更谈不上体现"封建思想"和"小资产阶级"的娱乐意义。出于这种现状，文学接受者只能是被动地采取"分析阅读方式"。"无论是自愿还是非自愿，他们必然性地采取了分析阅读方式。"① 这种通过分析阅读方式来实现对文学的被动接受，是文学生产低水平、文学作品匮乏的时代独有的现象。因广大读者的强烈阅读需要，只要文学作品一出现，短时间就会告罄。从单本文学作品发行量看，是"畅销书"。这种在计划体制下，出现的文学热销现象，说明作家有限的文学生产决定了读者的接受程度，虽然文学作品的畅销不是真正意义上的畅销书，但它为 90 年代市场化的畅销书运作奠定了基础。这种文学作品"热销"现象在 80 年代中前期图书发行业中表现得更为突出。从 1978 年开始，政治对文化的松绑，使人们从文化荒漠里奔向文化知识的载体——图书。这一时期，优秀的文学作品只要在书店一上架，立刻会被排起长队的读者抢购一空。这是书荒的年代，这是狂欢阅读的年代。尽管出现了"反思文学热潮""伤痕文学热潮""寻根文热潮""先锋文热潮""美学热""武侠小说热""言情小说热"等文化现象，但客观地说，这是多年文化禁锢后的文学畸形繁荣的现象，是人们对书籍迫切渴求的热情喷涌而出，是中断多年通俗文学大肆对文学场域空白的侵占和补充，这是作家主导文学接受的年代。

二、文学"市场化转型"中读者"中心地位"的凸显

20 世纪 90 年代，随着市场经济的引入和人们阅读体验的逐渐成熟，在

---

① 张福贵、黄也平、李新宇：《二十世纪中国文学的文化审判》，时代文艺出版社，1999，第237页。

社会结构巨变和文化转型的语境下，人们的阅读趣味和品位发生了很大变化，由被动的阅读向选择性阅读方式转变。这种转变使广大的阅读群体发生了分化，阅读群体的分化导致文学日益呈现出多元化的发展趋势。这一时期，文学畅销在出版业和文学市场化的大潮中历史性出场。读者的二元身份和文学畅销书的双重属性这时才得以完全显现。1993 年是具有标志性的时间概念，是 90 年代文学起始年份，也是文学畅销书进入市场化运作的一年。这一年，出现了几件引起文化界轰动的事情：一是王朔率先将版税制度引进中国，随着《王朔文集》等作品的畅销，王朔被称为"中国畅销书作家第一人"，"王朔现象"也引起广泛讨论。随后，王蒙在《读书》杂志上发表的《躲避崇高》一文中称，"他和他的伙伴们的'玩文学'恰恰是对横眉立目、高踞人上的救世文学的一种反动"，"他撕破了一些伪崇高的假面。而且他的语言鲜活上口，绝对地大白话，绝对地没有洋八股党八股与书生气"。由此引起全国范围的"人文思想大讨论"。二是以《当代》编辑部周昌义为主的几位作家用笔名"周洪"与中国青年出版社签订了三年出版合同，合同中规定必须按照出版社的计划进行创作，此次签约被称为"周洪签约事件"。三是著名作家史铁生、霍达、张抗抗等参加了在深圳举办的"中国文稿拍卖会"，其作品被高价卖出，引起中国文坛震撼。四是贾平凹《废都》畅销及被禁、陈忠实《白鹿原》受到主流批评家的认可畅销并于 1996 年获得茅盾文学奖。五是品牌畅销书"布老虎丛书"成功运作，是我国本土文学畅销生产机制形成的开端。一系列的文化事件使文学界和出版业对畅销书本质有了根本性的认识，文学畅销书审美特征和消费品特性是其本来面目。

读者是真正的文学畅销书创造者，从读者接受角度考察文学畅销书是否适合读者的阅读价值取向和趣味需求，使文学畅销书在众多"商品"中脱颖而出，成为畅销之作。这一目标的实现，在文学畅销书的策划环节得以充分体现。春风文艺出版社"布老虎丛书"总策划安波舜认为"布老虎"锁定的读者群是"受过大学教育、在公司、事务所等'主流社会'工作，月收入在 1500 元以上、年龄在 25—45 岁之间的女性"。这与书写美好爱情的出版理念是一致的。因为在叙说美好爱情的同时，自然夹杂着性描写和吸引读者的故事情节。通俗小说的畅销要素几乎都有了，加之成功的商业运作，中国本土文学畅销书生产机制的轮廓已经在"布老虎丛书"运作的过程中逐渐显现出来了。"跨世纪文丛"是长江文艺出版社出版的纯文学丛书，截止到目前，它已前后出版六十七部作品集。在90年代初期，通俗文学大肆侵占文学市场，以经济效益为首要选择的出版社，普遍对纯文学没有投注太大的热情，以致出现"凡畅销书就不是纯文学"的极端认识。但是，这套丛书主编陈骏涛以拯救文学的姿态，选取中国当代名家名篇，采取兼容性的方式，融合先锋、现代派、新写实等各种文学流派与写作风格于一体，进行了一次纯文学作品市场化的积极尝试。其实，陈骏涛主编清醒地意识到，中国的文学市场，以消闲性为主的读物是大众读者喜欢的并占领了大部分市场。但高等教育大众化趋势渐渐明朗后，还有大量读者需要反映文化品格、人文精神、审美价值的文学作品。这样的文学作品其可读性和娱乐功能不逊或有的已经超过所谓的通俗小说，它们所承载的文化内涵则是粗制滥造的通俗文学所无法比拟的。因此，"跨世纪文丛"选择的名家名篇成为畅销作家和畅销书是合理的文学生产实践，也为中国文学图书出版界，探索出了一套理念完备的畅销书出版模式。长江文艺出版社北京图书中心成立，之后和郭敬明艾柯公司合作，成功策划推介出超级畅销书《狼图腾》《最小说》系列等。大众的"窥癖"和"猎奇"阅读心理是畅销书新的营销手段："或真或伪的民俗、风情、赤裸的性爱描写，以及重要的、贯穿性的现、当代史的事件背景，辅之以先锋文学、'纯文学'、现实主义为旗号的纯色情、暴力写作及男性角色的变态心理描述。"①确实，贾平凹的《废都》、卫慧的《上海宝贝》都因有大量性描写而被禁销。但是文化禁令并没有使这类书消失，"禁销"反而成为这类书的畅销广告。性与暴力描写一度成为90年代文学作品叙事中的必备情节，以此来满足读者的"窥视癖"和"猎奇"的欲望，如《废都》《白鹿原》

①戴锦华：《隐形书写——90年代中国文化研究》，江苏人民出版社，1999，第82页。

《情爱画廊》《上海宝贝》《私人生活》《一个人的战争》等等。在市场经济的语境中，任何文学作品都具有商品属性，必须在市场中接受读者的选择。如果只注重这种单一的娱乐功能而进行创作，虽然在短时间内读者这一消费欲望得到满足，但这类作品也会很快因没有市场而受冷落。以余秋雨为代表的散文，以葛非、范小青、须一瓜等为代表的中篇小说在文学市场成为畅销之作，说明这些最不具备商业属性的"纯文学"作品只要与市场有机结合，也能够成为市场宠儿。

文学及文学接受方式的变化是在不经意间发生的。80 年代的文学关系虽然还在发挥自己的影响，但 90 年代逐渐兴起的面向读者市场的文学写作，正在显示出强劲的竞争力。作为一种正在形成之中的文学关系，文学在未来的发展过程中，能否产生出成熟的作家作品，以及在新的阅读环境及阅读资源的多元化的形势下能否满足读者地位所发生的变化，是需要我们探讨的一个重要问题。

90 年代后，随着社会主义市场经济的建立，商业大潮对文学生产与传播，尤其是对文学接受方式产生重大影响。文学不再那么崇高、伟大，对社会关注的热情也在逐渐减弱，作家从躲避崇高而转向描写大众皆可接受的个人日常生活。于是文学欣赏与阅读成为专业人士的职业需要，而大多数读者是随心所欲似的选择，是为了快速进入休息、娱乐和消费状态而读读文学。我们身处急剧变革的时代。这个时代需要理性的思考者，而理性的思考者要面对娱乐化的大众环境，要有智慧，有了智慧他们就成了理性的接受群体。于是读者就承担了思考一个民族的性灵，承担思考这个民族的灵魂的责任。回观时下，娱乐化成了时髦。虽然人类不能不要娱乐（比如唱歌又跳舞），但人类决不能忘乎所以而沉溺于娱乐。眼球经济越发地让读者们逃避现实、麻木自己，而我们仔细分析会发现，一些娱乐无非是无可奈何的自我消遣。娱乐化非但没有承担起受众对于社会的熟知，反而是一种自我放逐似的麻醉。文学生产规定着文学消费的方式。虽然传统意义上的阅读通常是一种文字阅读，但文学生产的方式发生了变化，即在大众文化传播媒介普及的今天，文学消费方式也发生了相应的变化：从传统的文学阅读日趋转向视听、影像阅读。在大学生中，"影视剧取代了小说，卡拉 OK 取代了抒情诗，网络游戏取代了童话故事，动漫和文字相结合的网络聊天取代了书信，成了人们表达情感、想象自我与世界的主要形式"[①]。"看"正在渐渐取代"阅读"，更多时候，人们越来越多地用"读图时代"来命名现今这个时代。影像既方便了读者接受，也解决了因文学修养而出现的文学阅读与接受方式的限制，也改变和丰富了大众文学接受的方式。文学接受方式的多元化转变对文学生产有着重大影响，它远离或拉大了读者与文学之间的距离，使文学处于危机之中。

①南帆、刘小新、练暑生：《文学理论》，北京大学出版社，2008，第109页。

第二章　畅销书生产与 20 世纪 90 年代的 中国文化生态

第一节　文学市场化转型中的畅销书品牌打造

一、消费文化汹涌而来

第一，我国逐渐从"生产型"社会向"消费型"社会过渡，是 20 世纪 90 年代以来中国社会生活转型中最突出的特征。随着市场经济的发展，大众传媒的产业化经营以及城镇化、都市化进程的加快，一个喧嚣缤纷的消费社会正在兴起和形成之中。人们的日常消费渐渐由生存型向发展型、质量型和消费型转换。转变经济增长方式，全面建设消费型社会已成为国民经济发展的重要任务之一。其实，当有了人类历史，当人类开始生产实践活动之时，消费就如影随形。消费作为社会再生产的要素之一，是产品实现价值的重要环节，是社会经济的重要组成部分，不同时期的消费具有不同的特点。

新中国成立时，由于高度集中的计划经济否定和排斥市场机制，忽视价值规律的作用，只讲究按计划、按比例分配资源，资源流通较为滞后。生产、流通等领域多是根据国家下达的指令性计划完成定额任务，物质产品的种类少而单调，只能保证民众基本的生存需要。而企业内部亦没有采购等经济活动，企业之间也没有竞争等机制。经济发展缓慢的同时使得消费市场淡然失色。

在不断加快的改革开放的步伐的作用下，在社会主义市场经济体制的催生和推动下，包括消费领域在内的社会生活的诸多方面也随之发生了变化。例如劳动者分配制度的改革，由严格的工资控制变成了以按劳分配为主体、多种分配制度共同发展的模式。收入支出更公平更有效率，可以使普通劳动者在满足基本生存需求的基础上能有部分空闲资金来满足精神文化等方面的需求。20 世纪 90 年代中期后，我国的工作休息制度也进行了革新，增加了休闲时间，一周五天的工作日既减少了人们的工作时间，也减轻了人们的压力。法定节假日、"黄金周"等政策也大大激发了居民消费的热情。劳动生产率的全面上升、收入的增加和休闲时间的增多，是社会主义消费文化发展的客观要求。相对于"生产型"社会对生产环节以及产品使用价值的重视，20 世纪 90 年代不仅为我们呈现了一幅幅迅速变化的消费社会的现实景观，而且这种消费社会的语境使人们在生活方式、生活态度上主动趋向于消费理念。消费不只是满足人生理需求的简单社会行为，同时更为注重对商品符号价值和情感价值的消费。也就是说，近十几年随着全球化背景下与国际市场的接轨和商品经济步伐的加快，品牌消费、娱乐消费、情感消费、文化艺术消费等日渐成为大众的主流生活形式。消费逐渐从简单的经济环节，成长为推动经济与社会生活发展的重要动力和重要目标之一。消费的社会内涵的重要性逐渐表现出来。正如我们所经历到的，都市化进程加速了；物质产品越来越丰裕了，而且包装愈发精美；被各种图像和符号所包围的日常世界，越来越景观化和审美化了；人们的生活开始变得轻松而休闲，娱乐项目和相关产业渐趋兴旺；大众传媒变得异常活跃，裹挟着各种"视听盛宴"以无与伦比的方式向生活全面渗透；每个角落充斥着琳琅满目的购物中心、商业场所……消费已成为当今的时代伦理。

唯物辩证法指出，生产决定消费，消费反作用于生产。市场模式改变了落后的生活消费方式，提高了消费质量，推动了经济的发展。买方市场的增容和扩张不仅带来了消费主义等文化价值观，而且随着它在生产生活领域的渗透越来越深入，使物质产品或劳务产品的"文化含量"不断强化。"消费至上"等价值观念、伦理诉求、审美情趣通过生产环节凝结在产品之中，使文化本身的范围也得以扩展。生产者在提高产品的使用价值和技术含量以及直接生产某种产品的同时，也生产了一种消费文化。而消费者不仅是在消费商品的使用价值，也在消费和接受某种商品的文化价值。随着一些跨国公司，如"麦当劳"等纷纷登陆中国，它们在满足市场需求、赚取经济利润的同时，也在一定程度上传播和培养了一种外来文化，进而影响着我国民众的消费行为以及对相关美国文化理念的潜移默化地接受。"一件商品，无论是一辆汽车、一款大衣、一瓶香水，都具有这种彰显社会等级和进行社会区分的功能，这就是商品符号价值。"[①] 在后现代主义理论大师鲍德里亚看来，这种为了某种社会地位、名望、荣誉而进行的消费行为，即是符号消费的表现。在这样的一种精神漫游和精神想象中，人们的深层情感需求得到了象征性的满足。因此，詹姆逊如此概括："文化是消费社会最基本的特征，还没有一个社会像消费社会这样充满了各种符号和概念。"[②] 在此种社会语境中，从日常生活到生产活动都具有了文化的含义。消费不仅是一种单纯的经济交换行为，也是一种社会识别和文化认同，一种具有深刻社会内涵的文化现象。可以这样说，消费文化作为整个社会文化重要的组成部分，不仅承载着一般的文化功能，而且具有强大的经济功能和社会功能，引领人们的消费理念、消费方式、消费行为等渐趋形成一种相对稳定的信念和取向，并由此体现文化内涵和某种权力关系。它源于消费，却高于消费。对于我们国家而言，这既是 20 世纪 90 年代市场经济的必然产物、文化转型的历史衍生物，同时也是文化价值和功能分化的历史结果。

笔者以为，消费文化与大众文化密切相关，都是在现代工业背景下产生的与市场经济发展相适应的文化形态，且以无可阻遏之势汹涌而至，并经由市场经济体制的建立而获得了历史的合法性。两者以都市大众为消费对象和主体，通过现代传媒传播，按照市场规律批量生产，集中满足着世人的感

---

① 罗钢、王中忱主编《消费文化读本》，中国社会科学出版社，2003，第32页。
② 西莉亚·卢瑞：《消费文化》，张萍译，南京大学出版社，2003，第44页。

性娱乐需求和精神享受需求。21 世纪，我国已整体步入小康社会，文化消费需求的增长也愈发强劲。"如何赋予商品更新奇更丰富的符号与概念，成为消费社会面对的关键问题。"[①]通过附加在商品上的文化内涵，如商品的造型、包装、商标品牌等等，消费文化进一步影响着消费者的消费态度、消费逻辑和自我认同。

第二，以上述思考为基点，反观文学生产及其传播和消费，不难发现，文学不仅承载着一般的文化功能，而且具有强大的经济功能和社会功能，引领人们的消费理念、消费方式、消费行为等渐趋形成一种相对稳定的信念和取向。如果说传统意义上的需要凝神专注的文学阅读已被朝生暮逝的文学消费所取代，那么读者究竟怎样进行文学消费、如何进行文学消费就成为文学出版者需要关注的一个颇为重要的问题。在消费社会的历史语境中，我国的出版业已由"产品竞争""资本竞争"阶段渐渐上升到"品牌竞争"的阶段。消费者首先接触到的不再是一本书，而是某一品牌，是在这一品牌的吸引下去购书。在文化市场中，在投入人力、物力、财力的过程中，谁具有红遍各地的品牌形象，谁就会拥有长久不衰的市场占有率。其实，"品牌"的英文单词原为 brand，最初人们采用这种方式来标记自己与他人不同的私有财产。中世纪欧洲的手工艺匠人在自己制造的手工艺品上打下烙印，以便买方识别产品的产地和生产者，由此产生了最初的商标。如果说商标指的是符号性的识别标志，那么品牌所涵盖的领域要远远超过商标。品牌是品牌经营者和消费者之间建立起来的长期的情感联系和心灵烙印，需要通过一定的产品标志和良好的产品质量而建构。

品牌不会自然而然生成，它一定要经过消费者的检测与认同。消费者接受或使用某一品牌的产品后，就会对这一品牌形成肯定或否定的评价，经过一番鉴定后，会形成一种较为稳定的情感经验，在将来的消费过程中做出相应决策。消费者对文化产品的需求其实就是在社会环境中形成的一种精神

---

① 管宁：《当前中国文学的时尚化倾向》，《中国社会科学》2006 年第 5 期。

情感需求。读者购买文学类畅销书的现实功利性并不像购买某些工具类畅销书、管理类畅销书、经济类畅销书那么强烈。文学类畅销书作为一种特殊的商品，其使用价值主要表现为满足人民群众的精神文化需要和审美需求。出版社若想使自己打造的品牌在消费者心目中形成良好的消费经验，就必须在每一个环节上都下足功夫，赋予自己的品牌以良好的形象。从这个意义上说，品牌是企业的无形资产。品牌战略决策是一个宏观的框架，贯穿生产、流通、营销、消费等整个过程。经由品牌营销，出版社可以将同类图书进行归整，并将其冠以同一名称，使得这一系列的图书在文化市场上销路大开。例如，为春风文艺出版社带来巨大商业价值和文化价值的"布老虎"这一品牌，已经成为该出版社的一面旗帜。鉴于"布老虎丛书"的核心产品是长篇小说，此外还有散文和随笔。1998 年春风社又推出了"小布老虎系列丛书"，即儿童小说，2004 年又推出《布老虎青春文学》期刊。除了"布老虎"这个老品牌，春风社又努力打造出了"红月亮品牌"及其系列丛书。在品牌战略中，一个不可忽视的重要角色是作者，有强大市场号召力的作者成为各个出版社争抢的对象。畅销书作为一种创意产业，在制作当中，将作者作为出版社的品牌来塑造和经营，亦不失为一种有效的品牌化方式。品牌的效应可以使文学读者与出版社、与作者形成稳定而长久的情感联系。据相关资料显示，一般作者的知名度占市场份额的 50%，作品的内容占 50%。和西方一些国家相比，国内出版界还缺乏一整套的、完善的作家品牌打造、包装制度，畅销书作家的原创队伍也不够庞大。在当下，余秋雨、贾平凹、二月河等人早已成为一些出版社的金字招牌。作者的品牌以及图书的品牌运作不只是一种独立的经营，更是一种理念、一种思路、一种模式，它渗透、贯穿于畅销书生产的全过程。"品牌可以超越产品的生命周期，是企业的一种无形资产，它可以随着市场变换加以调整，只要能跟得上市场变化和消费进步，通过改进或创新产品以及保持品牌个性始终如一，就可以使品牌长期延续下去。"[①]

---

① 杨虎、周婧：《畅销书运作中的品牌延伸策略》，《编辑学刊》2004 年第 3 期。

通过品牌的优势来参与竞争，从创意、创新追求，到精品化、品牌化的战略设计，其本质不只在于品牌效益本身，更在于通过"创作"与"经营"的全面实现，提升文化感召力以及畅销书的文化品位和生产规模。读者看重品牌，而他们购买这一品牌旗下的文学类畅销书不仅仅是为了娱乐和消遣，更为内在的原因是希望在繁杂的生活之余寻求心灵的慰藉，领略文化的魅力。而优秀的文学类畅销书不仅能够愉悦读者，还能在文化理念、审美趣味等方面获得广大读者的深层认同，一些影响深远的文学类畅销书甚至能够影响几代人的文化价值取向。

二、文学写作与消费的时尚化倾向

人类维持个体生存和再生产的日常消费活动，主要以重复性思维和重复性实践为基本存在方式。但在消费社会中，随着文化与经济同构互动的一体化发展，为了扩大和引领消费需求，实现其预谋的商业利益，商品制造者并不期望生产那种可以让消费者反复使用、重复享用的经久耐用的商品，而总是有意识地不断制造、翻新或推出新的商品，并引导人们接受、购买、消费，进而迅速推广以致它很快消失。物质产品的消费如此，精神文化产品的消费也如此。伴随这种诉求的是消费社会五花八门的物质产品、层出不穷的符号生产，以及符号意义、审美趣味的频繁流动和朝生暮逝。"推动现代消费主义的核心动力与求新欲望密切相关，尤其是当后者呈现在时尚惯例当中，并被认为能够说明当代社会对于商品和服务的非同寻常的需求。"① 当下，这种求新欲望在大众传媒的操纵和推波助澜下，似乎每时每刻都在转化成"被羡慕"和"被模仿"的观念或符号形式，并形成一种对他人产生影响力的潮流。消费社会主导的当代生活的一道重要风景，

---

① 柯林·坎贝尔：《求新的渴望》，见罗纲、王中忱主编：《消费文化读本》，中国社会科学出版社，2003，第266页。

就是无处不在的"时尚"。[①]

　　其实，时尚的产生、更迭和创构是一个复杂的社会文化现象。消费社会的"时尚"因其自身所具有的流行性和易变性而显示出更加巨大的力量。关于消费与时尚的关系，尤卡·格罗瑙曾这样指出："我们可以试着认为，现代消费社会主要特征是其中时尚的范围和社会影响力已大大增加了，这个社会中新的大众趣味产生和消失的速度越来越快。'高雅趣味'总是在被另一新的'高雅趣味'所取代，这样在一个不断个性化和美感化的现代性社会中形成一定的秩序。""我们可以初步认为，时尚的强化，即它向新领域的延伸和在旧领域作用增大，是消费者社会的最典型的特征。这样一来，一个消费者社会——或富足社会——就是一个时尚社会，尤其是一个大众时尚的社会。"[②] 作为一种行为方式，或审美趣味，或社会精神向度风向标的时尚，已成为消费社会中一个不可忽视的文化现象。受大众时尚文化及其流行特性的影响，作为文化生产和传播的重要组成部分——文学类畅销书的生产也呈现出对时尚符号的追逐和沉迷，被纳入了铺天盖地的符号生产流程之中。

　　这是一个读图的时代，或如前所述，是一个"浅阅读"的时代。在时代机体的飞速流转中，很少有人用心去关注和理解作家的存在及文学的意义。让他们兴奋的永远是时尚、娱乐，以及消费。对于 20 世纪 90 年代以来的文学格局，白烨以"文学三大领域的形成与运动"来概述当前文学格局的新变动。"他认为，市场化、商业化的渗透与冲击引起了社会生活和文化环境的深层变异，使得当下生活中的求实风尚、消费时尚和写作中的个人表现，

[①] 一般认为，时尚可分四个层次：1.vogue，是指一种大的时尚理念，理性化的潮流，它可以归入到人的价值系统里面，属于文化层面，具有文化意义。2.style，时尚概念的具体化，也可以翻译为格调，用于引领潮流，这是一种内在的力量。3.fashion，正在流行的时尚，女性杂志上常见的那种。4.smart，最浅白的时髦，它内在的价值判断是浅薄、无价值、丧失立场、随波逐流等等。参见刘宁：《大众传播对时尚写作和时尚阅读的影响》，暨南大学研究生论文，2001 年。

[②] 尤卡·格罗瑙：《趣味社会学》，向建华译，南京大学出版社，2002，第 95—96 页。

从文学的后台走到文学的前台。"①面对当代生活中的新奇事物、新生表象、新锐思想，时尚潮流总是试图将它转换成一种新的话语形式和表达方式去展现，以引发大众去追逐或效仿，从而使生产和消费总是存在于一种流转变化的动态关系之中。大量的时尚符码已不断嵌入文学类畅销书的文本世界，以形象化的方式反映着当代生活的时尚景观。这种情况集中体现在当下流行和畅销的"小资文本"和"另类写作"当中。

时尚如风。一个发展中国家，由于受历史传统、经济政策、文化教育、地域等因素的长期影响，会存在不同的消费群体，在文化消费上有着一定的差异性。如都市和乡村，最早接受时尚文化的通常是富人阶层。因为只有他们才有足够的经济收入和购买力实现对时尚潮流的追随。当今流行的"小资"一词，并非实指具体社会阶层，更多地指称一种生活情调、生活品位。在"小资文本"中，渗透着对当下都市生活和世俗欲望的不同层级的感受和言说，蕴含着浪漫或温和伤感的"伪浪漫"的情怀。正如有论者指出，其张扬的"小资情调"大致有如下含义："第一，小资情调追求生活品位并要关注文化。第二，小资情调的人最喜欢标榜自己的浪漫，是那种都市化的浪漫。第三，小资情调并不仅仅出现在小资阶层，它也经常出现在富人阶层、中产阶层和工薪阶层。他们是有着浪漫情调的大学生、研究生，是大学毕业后到外资公司和其他待遇优厚的国营与私企工作的白领，是都市中的单身贵族，是在网络上终日游荡进行情感冒险的另类，是靠某种自由职业为生的都市自由人，是自由度相对较高的记者、编辑、名不见经传的艺术家之类，甚至还包括一部分爱浪漫的中学生。"②在报刊风行不衰的所谓"小女人散文"，亦是其中一种具有代表性的创作现象。

"身体写作"和"另类写作"堪为女性文学畅销书的重要话语资源，在市场上有着相对成功的销售量和影响力。其中"另类写作"是对 20 世纪

---

① 唐小林：《21 世纪中国文学的新格局与新走向——"中国当代文学研究会第 12 届学术年会"学术讨论综述》，《西南民族学院学报》2002 年第 12 期。
② 陈尚荣：《"时尚化"的文学艺术消费需求》，《艺术广角》2005 年第 4 期。

70 年代出生的以卫慧、棉棉等为代表的所创作的具有叛逆情怀和时尚色彩的作品的概称。如果说 50 年代出生的作家可以书写他们亲身经历过的历史事实，60 年代出生的作家书写事实留给他们的记忆，那么这些 70 年代出生的作家却将历史事实和历史记忆一并抛弃掉了。作为没有历史重负的年轻一代，他们的写作抛弃了曾经的宏大叙事，尤为偏向于标新立异，以极端化的方式书写自身的感情和欲望，强调速度和震撼。而时尚就是他们的信条，也是消费社会在其文本中打下的鲜活烙印。他们热衷于写午夜的街景、豪华酒吧、性爱、俱乐部、迪厅、星座、名牌时装、购物中心、霓虹灯、香车别墅、摩天大厦等等灯红酒绿一切具有时尚味道的景观，他们"提供了当今都市生活空间中以感官放纵为核心的狂欢的神话"[1]。而其作品的男女主人公往往是一些具有叛逆个性的或前卫或先锋的都市青年。他们的着装打扮、言谈举止、生活方式无一不是最"炫"和最"酷"。其写作主体不仅以时尚为内容，更进一步把写作作为时尚，常以惊世骇俗的笔调写惊世骇俗的生活方式以惊世骇俗。"我们的生活哲学由此而得以体现，那就是简简单单的物质消费，无拘无束的精神游戏，任何时候都相信内心的冲动，服从灵魂深处的燃烧，对即兴的疯狂不作抵抗，对各种欲望顶礼膜拜，尽情地交流各种生命狂喜包括性高潮的奥秘。"[2] 这是卫慧在其《像卫慧那样疯狂》里的一番表述。卫慧们在不断寻找感官的刺激，他们对使自我兴奋、享受和满意的一切可能性进行呐喊或开发。

根据戴安娜·克兰的观点，当代的文化现象依存于三种文化组织：一是全国性的核心媒体，包括电视、电影、重要报纸；二是"边缘媒体"，包括图书、杂志、其他报纸、广播、录像；三是"都市文化"，包括音乐会、展览、博览会、游行、表演、戏剧。[3] 多元的视觉和听觉的空间容纳着我们

---

① 王宏图：《深谷中的宽虹》，花山文艺出版社，2002，第43页。

② 卫慧：《像卫慧那样疯狂》，《钟山》1998年第2期。

③ 戴安娜.克兰：《文化生产：媒体与都市艺术》，赵国新译，译林出版社，2001，第6-7页。

这个时代的文学艺术。对于上述写作，有论者将其文本称之为"时尚读本"。它是"近年来中国都市文化程度日益提升的背景下，以当代都市的'新市民'（有较高文化教育程度的都市青年），'白领'（较优裕的物质经济基础），'小资'（时尚化个性化的人生倾向）为主要阅读对象的新型文学品种"①。较之传统社会，现代社会更需要他人阅读引导。在传统既有信仰已经被现实消解，新的价值体系尚未建立起来的转型过程中，精神家园的丧失已然成为一个时代问题。"今天，对于许多人来说，无论是本能还是传统都不能告诉他们做什么和应当做什么。他们甚至不再知道，他们自己究竟需要什么，于是乎就只好随波逐流了。"②美国社会学家戴维·里斯曼在《孤独的人群》一书中也专门谈到"引导"在社会中的作用。他说"引导"意味着某种普遍确立的正确标准，在社会中引导着人们的行为，或社会中的人们是通过某种准则而被引导。③时尚总是用"好／坏""新潮／落伍""进步／落后"等等二元对立的文化机制吸引着众人，利用着人们的从众心理。但强化着流行大众文化符号的时尚读本多为休闲性的、欲望化的、猎奇性的，或刺激性的，具有浓重的商业气息。"特别是文学与各种媒体艺术、时尚文化的相互渗透与结合，使得文学艺术的严肃、高雅、崇高的价值定位及其巨型叙事模式，为世俗的感性愉悦和平面化的日常艺术消费所遮蔽，关于终极价值的追问被泛情的世俗关怀所取代。"④在对一些畅销的时尚读本的津津乐道中，一种奢靡的文化消费心态以时尚体验的方式占据了都市生活中心，物质的表象光环淹没了文学的理性高原。

消费社会为畅销书的生产源源不断地提供着新的话语资源。畅销书对时尚化的青睐是整个社会消费化的结果。"时尚是既定模式的模仿，它满足了社会调适的需要；它把个人引向每个人都在进行的道路，它提供一种把个

---

① 李俊国：《中国现代都市小说研究》，中国社会科学出版社，2004，第265页。

② 豪克：《绝望与信心》，中国社会科学出版社，1992，第25页。

③ 王岳川：《后现代主义文化研究》，北京大学出版社，1992，第234页。

④ 姜文振：《都市消费文化的兴起与文学生存方式的新变》，《当代文坛》2004年第3期。

人行为变成样板的普遍性规则。但同时它又满足了对差异性、变化、个性化的要求。……反常的、极端的事物都会纳入时尚的领域：时尚不会去抓住那些普通的日常事物，而会去抓住那些客观上一直表现得奇异的事物。"①任何文学话语的生成和转换都有着历史和现实的必然性，体现着某一时代的文化变革逻辑。对于畅销书与当代时尚文化关系的理解，不能或肯定或否定，不宜做单一的判断，其中有现实的维度，历史的维度，也有审美的维度。时尚生活介入文学生产，凭借文学感受的魅力、文学语言的特质，使它对现实的生存际遇和消费欲望的把握更容易贴近受众的身心世界，易于和受众的消费心理相通，进而为大众提供了观察和理解现实、沟通个人与社会的审美通道。正是借助这个被不断开掘的想象空间，文学生产也会被激励创造出新质，当下文学与读者大众的关系也由抽象的概念转向了具体的人伦对话。

　　一般而言，文学的使命或责任会使人生具有更丰富的精神内容和更高的生存境界。但作为一种文化生产行为的时尚生活写作，其话题的选择和形象的构塑，意义的生发和修辞的运用，以及对个人生活和心理的展示性叙述是具有策略性意图的。为引起普遍性的阅读关注，其书写一方面与当下的社会生活息息相关，同时又具有趋时性和常"变"常"新"的性质。也就是说，不是文学创造的自身逻辑，而是当下生活的流动性或者说生活的实践决定着文学时尚的走向。对于主要体现为一种绵延的"时间性"的文学艺术而言，这是一种悖论性的存在。文学作为生活的映现，它必然会及时地和动态地展示社会从宏观到微观的种种发展变化，其中当然包括求新、求变、求异的现代性诉求和时尚化追求。但作为一种精神现象存在的文学"思想意蕴"的生成和传达，离不开长久的沉思、运思、追问过程，而这种精神的追问只有在某种特定的时间空间中才能得以自由、有效地展开。这种心性的历炼以及深

---

①齐美尔：《时尚的哲学》，费勇译，见罗钢、王中忱主编，《消费文化读本》，2003，第243-245页。

邃的言说在时间中展开，最后又回归于时间。它跃动着思考的底蕴和创造性的诉求，而不是浅表的摹写和即兴化的展示。由此，正如我们所看到的，因"时间"而获得灵魂的文学艺术在时尚浪潮的高速飞旋中不断被碾磨、被消费，难以真正发挥在重重的时间帷幕中反思历史、看护现实、构造未来的作用和效力。对于这种现象孟繁华先生表达了一种忧愤："事实上，这种文学时尚正与中产阶级文化联手合谋，它们试图为我们描绘的图景是：消费就是一切，享乐就是一切，满足个人欲望就是一切。……这种对时尚的追随几乎没有人加以指责；那么对文学的时尚化写作为什么要指责？如果是这样，生活／文学的关系将怎样去处理？但是，当面对文学时尚化的具体文本的时候，我又抑制不住对其批判的强烈心理，尽管批评家的声音已经不再重要。"[①] 如何站在"物质"的立场上清醒地审视和思考"物质"，在肯定感性和物欲的基础上对感性和物欲进行理性引导，让更多的人走进生活的更高原理，这是一个现实生活问题，也是当下文学类畅销书写作和消费的一种话语指向。

第二节　媒体文化的繁兴与畅销书生产

一、媒体文化与自由话语时空的营构

第一，每个时代的文学生产活动都有要不同程度地面对媒体的问题。媒体给作家的文学书写赋予人为的感知和意义。从原初的具象化表达手段到文字符号书写，再到声像与文字结合的超文本表达，情感传达越来越自由和丰富。在这个意义上也可以说，人类社会文学发展的历史也是媒介演进、载体延伸的传播史，文学生产方式的每一次变迁都与一定的媒介载体和传播

---

① 孟繁华：《文学时尚：谁的时尚？》，《中华读书报》2003年5月28日。

技术的发展紧密相连。这种情形在 20 世纪 90 年代以来的媒体整体流变中表现得尤为激烈。"媒介一经出现，就参与了一切意义重大的社会变革——智力革命、工业革命，以及兴趣爱好、愿望抱负和道德观念的革命。这些革命教会我们一条基本格言：由于传播是根本的社会过程，由于人类首先是处理信息的动物，因此，信息状况的重大变化，传播的重大牵连，总是伴随着任何一次重大社会变革的。"①大众传媒正在以迅雷不及掩耳之势深入世界的方方面面，正在努力把传统的一切纳入自己的势力范围，不仅信息存储量大，兼容文字、广播、画面于一体，可以整合大量资料，做到即时、无限地扩展信息内容，持久性也越来越强。时下，大众传媒的覆盖范围远远超出文字符号所共构的"想象共同体的边界"，正在使"全球共享"成为现实。这也使文学畅销书开始从真正意义上参与到全球化语境的运作当中。

伴随着经济与文化的日趋一体化趋势，媒体已成为公共空间具有影响力的重要话语力量。市场经济作为一种契约化经济，"自由平等"是商品交换的前提和必然要求。大众媒体和市场经济相互依存，同生共长。无所不在的广播电视、报刊等在传播商品信息、沟通社会交往、提供文化艺术享受、引领个人和社会多种需求等方面，发挥着越来越重要的作用，对人类的生产生活习俗、生存方式、思想意识、价值观念、精神欲求等也发挥着重要的作用。

在当下，媒体已不只是公共话语空间一个独立的组织或机构。大众传媒正在使大规模的文化生产成为可能。无论是域外文学作品的翻译、引进还是个体化的书写，以及普通人的言说，通过多渠道的传播、发散，都可以瞬间进入大众阅读视野。借助大众传媒的力量，文学生产不仅在数量上持续增长，形态丰富多样，而且创作队伍日趋扩大，创作模式发生裂变，文学生产

---

① 威尔伯·施拉姆、威廉·波特：《传播学概论》，陈亮等译，新华出版社，1984，第18-19页。

与文学消费的结合程度也更加紧凑。文学生产时间的大大缩短、流通、传播周期的不断加快，产业链条的互动延伸，文学消费的广阔市场发展空间，如此等等，都是与媒体的巨大推动作用分不开的。媒体不但可以为商家提供宣传的场所，也可以为创作者提供创作的平台，即网络文学。以"2008 年度中国大陆人文社科类畅销书"榜单为例，于丹的《于丹〈论语〉心得》高居榜首，这不能不归功于《百家讲坛》这一立体媒介的普及性和强大的广告效应。而同样取得良好销售额的《鬼吹灯》最初则是以网络小说连载的方式出现的。当下，传统文艺形式正面临着数字技术的全面介入。例如，与传统印刷出版物相比，多媒体电子出版物是立体的，它融文本、视频、声频、图像等等技术要素于一体，既能增加读者的阅读兴趣，又提高了总体文化信息的获取量。同时易于携带、存储，操作也很便捷。这不能不说是出版传播业的一次意义深远的革命。

网络等大众传媒正以其开放的、自由的原则给普通人提供发表自我言论、抒发个人心绪、畅谈生存话题的理想场所。"网络的出现为人类的精神的活动提供了迄今为止最为广阔的虚拟空间，给人以最为广阔的话语特权，所以它是对自由精神的一种豁然敞亮。"[1] 我们知道，要在传统的报刊、出版社发表文章或出版作品，都有编辑等"把关人"。对于普通作者而言，一部作品从脱稿到发表出版无疑要经过层层把关，严格遴选。不但要要求作品的质量，而且还要符合编辑和出版商的用稿意趣、审美倾向等等。网络媒体这种对传统文学生产严格的运作机制的打破，可以使诸多无名之辈在这块"资源共享"的空间施展自己的才华。正像有的网站编辑所感慨的那样："我觉得网络文学就是新时代的大众文学，Internet 的无限延伸创造了肥沃的土壤，大众化的自由创作空间使天地更为广阔，没有了印刷、纸张的烦琐，跳过了出版社、书商的层层限制，无数人执起了笔，一篇源自平凡人手下的文

---

① 欧阳友权：《论网络文学的精神取向》，《文艺研究》2002 年第 5 期。

章可以瞬间走进千家万户。"①大量的网络写手开始涌现，似乎一夜之间网络可以使"人人都可以成为艺术家"的幻想成为现实。例如宁财神，他是天涯虚拟社区早期网友之一，曾担任过影视评论版主。2005 年担任电视连续剧《武林外传》总编剧，该作品获得巨大成功，并被网友追捧。再如"穿越文学"，作为一种新兴的文学类型自从 20 世纪末诞生后就一直风行于文坛和网络社区中。21 世纪以来，"穿越"热潮曾一度汹涌澎湃，风靡诸多文学网站，并催生了无以计数的"穿越迷"。2007 年被出版发行界誉为"穿越之年"。而在多家地方电视台热播的《宫锁心玉》《步步惊心》等电视剧，在一定程度上使穿越小说的市场越来越广阔。

可以说，大众传媒在大大拓宽文学生产、传播的渠道，为当代中国大众文化的蓬勃发展提供有力的技术支持和物质基础的同时，也构建了一个开放的、自由的公共话语时空，积极推进着文化艺术的民主化进程。在这一时空，文学不再是自言自语或少数人独享的特权，只要对文学有言说和书写愿望的人都可以加入进来，共享信息和交流娱乐，个人生活方式向着民主、自主、多元、自由的方向发展。

第二，"传播"作为人类社会一种重要的交流方式和行为方式，其本身就属于文化范畴。我们说，20 世纪 90 年代后媒体文化的发展扩容改写了"大一统"状态下政治资本独享话语解释权的文化格局，突破了传统的文化等级界限。"媒体文化是诸种系统地组合：从电台和声音的复制（满转唱片、磁带、激光唱盘以及诸如收音机、磁带录音机等传播器械）、电影和放送模式（剧场放映、录像带出租、电视播放等），到包括报纸和杂志在内的印刷媒体一直到位于媒体文化中心的电视等。"②此定义的表述虽然并不完备，但从中可以看出媒体文化内容之繁复和影响之巨大。定义中规定的多种传媒系统连同时下方兴未艾的网络媒体，共同营构了当前的

①朱威廉：《文学发展的肥沃土壤》，《人民日报》(海外版)2000年10月21日。
②道格拉斯·凯尔纳：《媒体文化》，丁宁译，商务印书馆，2003，第1页。

媒体文化。作为文化的一种媒体呈现方式，"媒体文化"将文化与一定的物质符号形态关联起来，这一范畴强调了媒体对人类文化的产生和发展给予的作用和影响，它是当代社会一种重要的文化现象。尽管学界对"媒体文化"的界定有不同的阐述，对大众传媒的评析可谓毁誉参半，笔者以为，无论从何种角度去理解这个范畴，媒体文化作为一种隐性的话语权力对当下公共话语空间的建构功能是无法回避的，其文化实践在建构当代文化生态方面产生了巨大的作用。五光十色的媒体文化正在伴随着大众传媒向人类社会诸多领域全面扩张并不断膨胀。其所产生的社会效应是具有普遍性和传染性的，引发的变化已经由单纯的科技变革演变为一场历史意蕴丰富的文化运动。

我们说，生存于一定社会环境中的大众媒体的主要功能是舆论传播，在中国也是意识形态的重要阵地。在 20 世纪 50—60 年代，决定文学生产和文学现象的主导力量是各级文联与作协机构，以及其他文化管理机构部门的文化官员、批评家和编辑。媒体仅仅是流通或宣传的渠道，并不具备"主体性"地位。但 20 世纪 90 年代以来，伴随着中国大众传媒的产业化进程和媒介经营理念的更新转换，一个突出的趋势是，生产经营活动在大众传媒生存和发展中的地位日益重要，它们越来越多地以"企业行为"介入市场。以往存在于传媒组织之间平和、稳定的关系逐渐为一种对抗、利益攸关的竞争关系所取代。由此，竞争机制、赢利最大化原则等不以人的意志为转移地渗透到媒体机构的生产过程中并直接影响到生产主体的行为选择。在这种机制下，是否占有较大的市场份额通常成为衡量一个媒体机构成功与否的重要标志。"对于所有大众传媒机构来说，这只是一个事实：隐于这一规则之动力背后的是，传媒只是为了尽可能多地挣钱。"[1]当大众传媒已不再仅仅是一种传播工具、交流渠道，而是以超乎想象的力量作为独立的经营实体介入社

---

[1] 雷诺德·维霍夫：《传媒时代的文化身份和文学功能》，徐燕红译，《外国文学》1999 年第 4 期。

会生产的诸多领域，它也把以市场利益作为驱动力的运作机制挟入文学畅销书的生产活动当中，而且嵌入了其结构组织的内部。在推出作家和文学新人，以及引领读者、引导文学潮流、策划组织文学生产等方面发挥着巨大的作用。

二、畅销书生产中的媒介力量

空前繁兴的媒体文化凭借其强大的影响力和控制力，确立着自身在新的视听空间的话语霸权，成为创造文化思潮、引领文化潮流的主体。尤其是当文学活动进入作品的传播、消费和接受阶段时，作为商品的文学作品就必须通过各种传播媒介来进入大众的阅读视野。从某种意义上讲，在当代社会，出版传播的兴衰就是文学的兴衰。无数文学现象已证实，在 20 世纪 90 年代这个传媒产业化的时代里，畅销书产业在集出版、策划、包装、宣传为一体的媒体文化的引导下收益颇丰，飞速发展，成功地实现着一场场"双赢"，共同营造着一个个醒目的销售"神话"。

大众传媒为文学畅销书的生产和传播发挥着无可替代的推波助澜的作用，其催生的新机制和文学空间的裂变，给文学活动注入了更多的可能性。在文学被边缘化和被漠视的时代里，作家的被瞩目，依凭的不再是作品，而是大众传媒对他们的关注程度。越来越多的作家也在媒体文化构建的时空中找到某种归属。大众传媒擅长把文学创造者看作某种"文化明星"加以推销，通过制造名人效应价值、品牌效应价值、明星效应价值等，使他们的作品得以畅销和风靡。根据年龄阶段、生活阅历、作者特长、创作风格、地域分布等因素，也根据不同时期畅销书市场的需要，大众传媒一方面经常帮助出版人力求保证不同层次需求的作者资源的合理分布，另一方面它独特的市场角色亦可以在文化服务各部门之间以及更广阔的领域寻求文化资源要素，在更大范围内对作者进行推举和"塑造"。例如，形成了"包装偶像—偶像作品—点击率与发行量—偶像走红"的"青春文学"生产现象，一度占有了大量的市场份额^①，但其带给我们的感觉是出版社和发行商所出售的似乎不是书的内容，而是一种由青春作家写青春的特有现象所构成的身份奇观。

畅销书的畅销不仅是一种出版现象，其出现和发展与政治、经济、文化、技术等因素紧密相关，映射着一个时代的文化生态。其中媒体宣传的强大攻势，营销手段的成功操作已成为影响畅销书生产的至关重要的因素。20 世纪 90 年代初曾掀起了一场蔚为壮观的、引起了海内外文坛广泛关注的"余秋雨文化散文热"现象。余秋雨作为 90 年代最有价值的畅销书作家之一，其接连出版的《文化苦旅》《山居笔记》《霜冷长河》《文明的碎片》和《行者无疆》等作品集，几乎都登上了畅销书排行榜，且仅一版的发行量就在 20 万册以上，往往又多次再版。这样的数字堪为出版奇迹，在学界上也引起了轰动。但《文化苦旅》面世之初的征订数却仅有 1400 本。东方出版中心及时发动了传媒造势，该书出版前后的一个月间，组织写作了 300 多篇评论稿件，发表在全国各地的主要报刊上。从此余秋雨便与大众传媒结下了不解之缘。的确，若没有大众传媒的及时举荐和宣传，也许余秋雨不会出现在大众的阅读视野之中，获得众多的"注意力资源"。此后，余秋雨"多元栖身"，成为"凤凰卫视"的文化形象（2006 年凤凰卫视推出了由余秋雨担任节目主持人的节目《秋雨时分》），"千禧之旅"的"知识老人"，央视青歌赛的评委等。与大众传媒之间的互动活动，让余秋雨从幕后走到台前，成为当代文化传播的"代言人"，从而打开广阔的散文市场，成功践行了文化大众化的理念。但是，在这个过程中，他也遭受了许多质疑，甚至有

①青春文学的流行和这些作品在80后、90后中拥有大量的读者不无关系。这些读者的消费能力极强，具有强烈的娱乐精神，乐于为明星作家消费。这就保证了青春文学小说、青春文学杂志市场的发展潜力和销售前景。2001年至2009年，80后、90后读者群体成为图书购买力最强大的读者群。2010年韩寒主编的杂志《独唱团》在上市的第22天，发行量突破100万册。郭敬明的《小时代2.0虚铜时代》7天发行量达到120万册。在国内图书销量第三方专业统计机构开卷公司提供的排行榜上，《小时代2.0虚铜时代》《独唱团》《临界·爵迹I》《1988：我想和这个世界谈谈》也成为前十排名的常客。2011年由郭敬明主编的杂志《文艺风》，创刊号发行量一周达到18万册，超越了《收获》《当代》等七八家大型杂志的月销量总和。

人说他是一种虚假的"媚俗"。然而，这些负面的评论并没有让余秋雨销声匿迹，反而引发了更为强烈的"余秋雨现象讨论"，也让其成为这些节目收视率飘红的砝码。举例来说，2010 年正当"中国青年歌手大赛"风起云涌时，大众关注最多的不是有哪位优秀选手亮相，而是余秋雨会不会复出，会不会重新坐在评委席上。而由余秋雨主编的百花文艺出版社 2005 年出版的《藏着的中国》，在封面设计上凸显醒目的"余秋雨"三个字，以吸引读者的注意力。而"主编"这两个字却不仅字体缩小，且颜色灰淡，似乎有意让读者在购书的不经意间以为此书为余秋雨所独著。这样的现象颇耐人寻味，让人不得不感慨媒体文化对这位畅销书名家的塑造，既使他本人的才华得以显现，又靠他的"名人效应"为出版传播活动造势宣传，赢得可观的经济效益。媒体文化时代作家与传媒的这种琴瑟相和、各得其所的关系充分说明："由于任何文化产品的价值都必须通过一定时间内的消费才得以实现，所以，知识分子的成功有赖于推销他们的产品，进而使得更多的受众认识和接受这些产品。所谓知识分子的成功也就转而成为与媒体的接近程度，以及利用媒体所获得的文化资本的多寡。"①

时下，不仅文化消费方式变得越来越便捷，文化消费的渠道也越来越多元化。在文化市场，一本文学类畅销书的问世乃至热销，仅有高质量的原创以及知名作家的创作是远远不够的，还要有传播力量的积极参与，营销手段在一定程度上也推动了图书的畅销。先锋文学代表作家之一的余华在一次访谈录中这样谈道："我在文坛的地位在 1987、1988 年时就确立了，但那时是在小圈子里。……那时候，我们的书只印两三千册，出版社赔钱出。后来有了第二渠道，特别是新闻界的介入，救了我们。"②"营销宣传"是大众传媒的重要功能之一，主要体现在为畅销书的出版奠定舆论基础，扩大其

---

① 周宪：《知识分子如何想象自己的身份》，转引自陶东风主编《知识分子与社会转型》，河南大学出版社，2004 年，第 23 页

② 许晓煜：《谈话即道路：对二十一位中国艺术家的采访》，湖南美术出版社，1999，第 255 页。

社会影响。大众传媒勇于承担着在相对短的时间内，让尽可能多的大众知晓并且购买图书的职责，因此经常成为文化市场热点、卖点最灵敏和最及时的导向器。为增强对各个阶层读者的获取能力，大众传媒甚至不惜将文化商品的推荐降低至休闲水平。对作品的宣传包装可以分为内外两个层次。内部的包装指的是文学作品页面设计，或出现在读者面前时的表现形式。当今的媒介技术已为文学作品的内部包装提供了多样化的可能。外部的宣传包装，包括新书出版发布会，作者签名售书、读者见面会、出版信息等。如郭敬明的《最小说》，经常会有每一期更新的发布会，为新书造势，提高图书的知名度，进而促进销售量。

大众传媒拓展着文化艺术产品的市场空间和市场容量，大幅度地提高着畅销书的经济价值。《狼图腾》之所以能从如此繁杂的图书中脱颖而出，除了其独具特色的内容和叙述角度带给读者以巨大的吸引力外，该书的营销宣传模式也是使其成为畅销书的关键。长江文艺出版社运用其娴熟的策划技巧和丰富的营销经验在最短的时间内用最有效的途径将《狼图腾》传递给了目标读者。在该书正式出版前的三个月，出版社先采取报纸连载的方式，广泛征求读者的意见和建议，确定了以学生和企业管理者为主的读者群。同时还充分利用"名人效应"，把《狼图腾》介绍给各界成功人士，比如海尔集团的总裁张瑞敏、文学批评家孟繁华、内蒙古歌唱家腾格尔、香港实业家李嘉诚等。请他们把自己阅读《狼图腾》之后的感受和对该书的评价提出来。一方面确定该书的卖点，另一方面，把整合之后的名人的评价印刷在该书的封底。在《狼图腾》首发的当天，还请白岩松、赵忠祥、腾格尔等人到发布会现场为《狼图腾》助阵，然后借助各种媒体的宣传和舆论力量，吸引了大量的购买者，在短短的几个月时间内，就被评为有重要阅读价值的图书。在实体推销阶段，首先是通过北京人民广播电台进行《狼图腾》连播，并且将其放在了每天的黄金时段，随后各地的广播电台也纷纷开始连播，并且打造了一系列的相关节目，引起了更为广泛的关注。其次是借助媒体的力量进行推广。由《新周刊》和新浪等官方媒体联合举办了"评选 2004 年度最有影响的图书"活动，《狼图腾》位居评选结果的第一位；从首发之日起，《狼图腾》已经在以新华书店为首的各个大型图书商场的图书排行榜上，连续二十五个月稳居前五名。在人们纷纷关注于图书排行榜的当下，这样的排行成绩，无疑对于狼图腾的畅销起到了巨大的推动作用。此外，各大网站相继开始连载《狼图腾》，通过网友们之间的相互推荐以及论坛上的交流互动，整个网络"狼烟滚滚"。出版社还积极与新华书店等大型书店进行联合销售，推出了团购活动，同时开拓海外市场。为引起西方媒体的兴趣，在《狼图腾》的推介会上，特意邀请到了西方具有一定知名度的出版机构。该书的书评曾刊登在西方发行量较大、读者关注程度较高、被其他媒体转载率较高的主流媒体上，如《纽约时报》《泰晤士报》《南德意志报》《意大利邮报》等。这样不仅提高了该书的国外知名度，并且起到了给该书的销售市场加温的作用。这些举措使得世界各大知名出版公司争相来华购买《狼图腾》的版权。据悉，《狼图腾》一书的版权贸易总额已经达到了 110 万美元。此外，由曾三次获得奥斯卡奖的法国知名导演让·雅克·阿诺导演的电影《狼图腾》，也进一步促进了《狼图腾》跨出国门、走向世界。

在当代社会中，几乎没有谁能躲避媒体的轰炸。这是一个文学中凝结着最新传媒元素的时代，也是一个把传媒内容当文学来阅读的年代。这体现在大众传媒为文学话语不断提供着新的要素、话题、形式，如当下热议的火星文、海豚文字、草根文化、超文本写作等。随着媒体在大众生活中重要程度的增加，文学类畅销书的媒体属性也日益凸显，一些报业集团还成立了自己的媒体出版社。从非常态事件、新闻事实中开掘题材，体现新闻时效性、轰动性之类的畅销书也越来越多。从这个意义上来讲，畅销书内容的"传媒化"倾向，呈现了新闻话语对文学书写的介入，新闻资源也日益成为畅销书的出版资源。这也是为什么纪实性畅销书，如名人传记等久盛不衰的一个重要原因。这一类"借势出版"的畅销书，凭借其对于热点人物和新闻事件的书写的具体性、形象性以及传播的广度、深度，其产生的社会效应以及由此带来的经济效益又是媒体所不及的。例如，随着"李敖大陆行"这一事件"热度"的持续升温，李敖的作品和有关李敖的书也引发了一股又一股销售热潮。据媒体报道，中国友谊出版公司——李敖作品在大陆最主要的出版商，其出版的《李敖有话说（2）》在短短时间内销售量就高达6万册。出版商及时抓住了李敖大陆之旅的时机，并且将其变成了商机。尽管这些图书在一定程度上履行了新闻媒体的职能，但也在为读者大众了解作家李敖的同时，提供了不同于报纸、电视等媒体的视角。

在市场经济条件下，畅销书作为商品有其特定的服务对象——大众读者。读者的认可是畅销书生存的基础，失去了读者，畅销书也就变成了滞销书。因此，了解读者阅读心理、透析读者的阅读期待是畅销书运作中不可忽视的一个重要层面，其中不乏为增加销量而对文化水平较低的消费群体的娱乐和消闲需求的迎合。就读者而言，他们一般对畅销书和长销书有着不同的消费心理，经常通过各种途径表现自己对作品的接受程度和满意程度，如收视率、票房、报纸销量、网络点击率等的数字体现。或是通过媒体采访、访谈节目、微博互动、天涯评论等渠道进行言论评价。大众传媒作为当下大众阅读的"文学向导"，其遵循的是一种"选择"和"过滤"的利益最大化原则，这一原则导致文学"浅阅读"现象的盛行。"浅阅读"的消费特征就是快速阅读、快感引发、快速抛弃，以"多、快、好、省"为特点。当代文学消费主体的闲暇时间已经被分成零散的片段，用于文学细读和艺术欣赏的时间不断被挤压，读者大众越来越疏于对文学经典的感受与体验。文学消费的热点从文学经典转向通俗文学，转向畅销书和时尚读本。

此外，影视媒介"成就"的文学畅销书近年来也层出不穷。例如，随着《玉观音》《暗算》《亮剑》《蜗居》《山楂树之恋》等影视剧的热播，许多观众开始寻找同名原作去读，由此导致了这些小说的畅销和读者对作家的重识。其实，从文学畅销书资源中开发影视及其他媒介衍生产品，是欧美成熟图书市场惯用的运作方式。随着影视传媒以及互联网络的普及推广、深度介入，我们的生存空间正在向可视性转换。这也正如海德格尔曾经预言的，"我们正在遭遇一个世界图像时代"，"世界图像并非意旨一幅关于世界的图像，而是指世界被把握为图像了"。由于新型的文学传播方式可以是数字化的、多媒体的，以及互动交往式的，浏览观看行为取代了文字阅读品鉴的诸种形式。文字只为图像解说而存在，文字的间接性、意象性被图像化为直观的形象。较之先有文学作品、后有影视剧改编的文学生产结构，在当下的媒体文化语境中，由于媒体与整个大众传播体系，如图书宣传、影视剧改编的天然联系，形成了特有的"后文学畅销和消费"现象。这是否预示着文学对媒体文化的某种屈服，抑或丧失深度追求和独立的审美品格？

第三章　文学畅销书生产类型与典型运作模式

第一节　文学畅销书生产类型

文学市场化转型催生了文学畅销书，促进了畅销书产业蓬勃发展。文学畅销书在市场化的运作过程中，体现出特别注重经济利益，兼顾社会效益的明显特征。陶冶人们的情操、探索人的心灵世界、提升人们审美品位和构造精神品格是文学作品的终极效益。但是，畅销书的运营脱离不开市场逻辑，也就是文学的商品属性凸显时，其市场运营是不可避免的。从商品营销角度看，文学策划要以大众消费心理、审美趣味和世俗欲望为目的，利用大众媒介，制造文化热点、文学事件、新闻事件等。根据读者消费热点，不同时期生产不同类型的产品，不断推向市场，以此吸引读者注意，掀起购买狂潮。

一、消费语境下历史题材转型

如果我们从文学畅销书运营角度看，"十七年"时期的传统历史小说与20世纪90年代以来新历史小说有了明显市场化转型。"十七年"时期的传统历史小说在文学史上有杜鹏程的《保卫延安》、梁斌的《红旗谱》、吴强的《红日》、杨沫的《青春之歌》、罗广斌的《红岩》、姚雪垠的《李自成》等等（这些作品也称"红色经典"）。这些文学作品，在那一特定的历史时期取得了重要地位，占有了很大分量，代表了那一时期文学创作的最高水平。"在此一时期作品的叙事语境中，历史真实具有较强的话语支配权。多数作品是在参阅大量历史文献的基础上，与历史提供的理性交相运作，继而构建出的与意识形态化的历史观、历史意识相辅相成的感性化的历史图景。"①
这幅历史图景的构建，源于作者忠于历史真实，依赖客观逻辑，信奉因果关系。知识分子对于重建历史文化的使命感与责任感在宏伟叙事和塑造英雄主义形象过程中溢于言表。他们通过对封建主义扼杀人性的愤怒批判和充满政治激情地与阻碍历史前进的腐朽的反动的残暴的统治阶级斗争。主体价值追寻和主体情感指向于国家意识、民族意识、革命意识。在那个时期个体性和私人化的感悟或被激情所遮蔽或是被迫隐藏和沉默。90年代以来，以陈忠实的《白鹿原》、莫言的《红高粱》、二月河的"清帝王系列"、当年明月的《明朝那些事儿》等等为代表的新历史小说，主要是以个体经验、平民化的叙事立场增强感官刺激和娱乐性。在叙事过程中，能够突破历史真实与艺术真实的规约，以日常生活、民间习俗、家庭、宗族等为历史表演舞台，或以现代语言、现代思维、离奇情节和民间立场叙写好看的历史小说。历史事件、故事贯穿人类整个发展过程，也给文学留有广阔的叙事空间和心灵空间。文学创作者将自己的经验和感悟分享给他人，引起人们对共同经验的共鸣。二月河是成名较早的畅销书作家，他的畅销书《康熙大帝》《乾隆皇帝》《雍正皇帝》等，"在文本中编织了许多扑朔离奇的情节，有帝王的艳情绝唱"，"有真幻难辨的人生悲歌"，"有离经叛道的男女情爱"，以此迎合着大众的猎奇口味。无疑，二月河的历史小说丰富了历史小说的叙事模式，在"史"与"诗"的转换上更灵活，文学的诗意表达更浓烈。但不可否认，二月河小说在"史实"与"诗质"的转换上相对混乱，没能站在人道的角度对封建权力运营作现代的超越。②新历史小说对"历史真实"与"艺术真实"的艺术处理是常被人诟病的。在小说叙事中，应艺术地再现历史场景，达到艺术的深度境界，避免受商品经济和市民趣味的影响，以历史的碎片编织故事。1996

---

① 胡玉伟：《文学：历史与现实》，黑龙江人民出版社2007年版，第101页。
② 姜宛铮：《被遮蔽的文学意蕴》，《时代文学》2008年6月第6期。

年"红色经典"再版畅销，充分显示出市场这只推手在文学畅销书运营中的巨大力量。

二、"主旋律"下高涨的政治激情

从 1995 年开始，"主旋律"长篇小说创作在相当长时间内是出版工作的重点工程。1995 年江泽民提出抓好文学创作中的"三件大事"，1996 年中宣部就这一问题进行专题研究，1997 年新闻出版署指示争取当年出版 10 部优秀长篇小说。在中央行政的强力推进下，长篇小说，尤其是官场政治题材的长篇小说得到空前繁荣。如《中国制造》（周梅森）、《突出重围》（柳建伟）、《抉择》（张平）等作家作品。由于获得奖项，出版社在大众媒介大力宣传，尤其是在与影视合作上，尽显官方重点支持，保障重点拍摄。出版社在受益的情况下也是全力配合，积极宣传。在官方政策、资金、资本全方位的打造下，这些长篇小说有了不俗表现，挤进畅销书排行榜中。其中《突出重围》到 2002 年已经累计销售 20 万册。《省委书记》《大雪无痕》《国家公诉》《绝对权利》《至高利益》这些反映当下官场中的政治斗争的文学作品，在表现反腐败与腐败的斗争中，曲折、复杂、惊险、跌宕的情节设置，既反映了这是真实的现实生活，告诉读者现实生活的残酷性，也满足了读者的心理和情感的期待。以悬念性来增强故事性，激发读者的阅读兴趣，避免事件发展的平淡无味，小说也因此而变得好看。为了使正义得到伸张，邪恶得到惩罚，这类小说中，常常设立正义与邪恶的对立、权与法的冲突、情与理的矛盾冲突。最后，广大人民群众利益的国家意志或权利的代表，坚持秉公执法，不枉私情，依法治国（往往表现的是权大于法），集民意、法律制裁于一身，将以权谋私的贪官和唯利是图的奸商绳之以法。为了满足读者消费心理，美女、金钱、时尚、性爱、暴力等都是吸引读者的畅销因素。这种以国家权利推进，广大人民热切期盼，出版社宣传造势，形成畅销书销售热潮，是出版社最佳营销手段。

三、世俗化的情爱书写

进入 20 世纪 90 年代以来，在市场大潮的冲击下，在现实生活与物欲诉求双重挤压下，人们的精神世界处于分裂状态。表现在日常文化生活层面，一部分文学叙事里，男女情爱就是性描写的代名词，是赤裸裸的性欲狂欢，它已不再是男女美好爱情中最完美的结合，也不是双方真爱后彼此心灵相通的自然结果。打着思想解放、人性解放、身体解放的旗号，以粗鄙、低俗、暴露描写抗争对人性的禁锢。甚至有的作家为了吸引读者不惜以坦露的"性描写"作为噱头，使其成为"畅销"卖点。卫慧的《上海宝贝》、贾平凹的《废都》都是因为过分的性描写而遭禁销，虽然这种文化强权存在很多不合理因素，但《上海宝贝》以"另类写作"为文学创作探索"新的表现形式"，突破社会道德底线，其在当时文化中得到这样的结果也在情理之中。贾平凹的《废都》遭禁与解禁，批判与重估，从中能够看出当代文学界重要作家的地位和影响，也反映出《废都》的学术研究价值。虽然两部作品都成为畅销书，但无论是从作家比较，还是从作品研究角度对比，创作水平及文本价值都不可同日而语。《上海宝贝》的时尚消费（名牌内裤、名烟名酒、名车、别墅）、赤裸的欲望表达呈现出当下日常生活审美化和时尚化。铁凝是当代重要作家，其作品也是畅销之作。著名文学图书策划人安波舜称她的《大浴女》是当代经典著作。2000 年，铁凝的《大浴女》在春风出版社出版时，引起广泛关注，好评如潮。在经济收入与社会地位都没有提高的情况下，她主动放弃百万元的奖金和畅销作家的称号，实在是用意深远。《大浴女》中主人公的成长体验构成小说的主体，它注重揭示某些特殊事件对于个体成长的重大影响。尹小荃之死对尹小跳发生重大的影响。《大浴女》以主人公尹小跳经过三次刻骨铭心的恋情，诠释了由原罪走向释罪和救赎的人格不断完善的主题。六六的《蜗居》，因电视剧《蜗居》的热播掀起了 2009 年末的畅销书销售热潮。因网友追捧及争议，展开了一场关于爱情观、人生观、价值观的大讨论。《蜗居》迅速演变为一个社会文化现象，即所谓的"蜗居效应"。它也成了中国社会转型期的一项文化表征。《蜗居》的文本触碰社会现实问题，真实地揭示出各阶层人民生活的实际状况，具有很强的现实意义。影视互动、图书出版的后续跟进是畅销书掀起销售热潮的又一运营手段。

第二节　文学畅销书的典型运作模式

20 世纪 90 年代，随着经济体制和文化系统的转型，文学的存在方式及其生产、传播方式等较之以往都已发生了诸多深刻变革。市场经济大肆侵入文学场域内，渗透到文学活动各个环节中，其中通过策划组织文学生产是出版市场化以来文学生产的主要方式。文学畅销书的出版主要依赖市场运作与策划这一手段。

一、"布老虎丛书"典范运作模式

辽宁春风文艺出版社"布老虎丛书"是 20 世纪 90 年代以来市场策划中最具典型性的运作模式。"布老虎"从它诞生之日起就有很强的品牌意识，也是严格按照畅销书运作规律来打造的"文学畅销书"品牌。如果用"突发奇想""横空出世""出版黑马"等词汇解释"布老虎丛书"在 20 世纪 90 年代所引发的出版现象和文化现象，就显得过于传奇化和简单化。安波舜称："1992 年，也就是'布老虎'出生的前一年，文学跌入了最低谷……他还特别强调，当时并没有想做成畅销书品牌，而是想'杀一条血路，为文学留一点香火'。"[①] 他所强调的"当时并没有想做成畅销书品牌，而是想'杀一条血路，为文学留一点香火'"，并不是代表"布老虎丛书"是"突发奇想"的杰作，而是表明面对处于文学创作低谷时期的现状。这一系列是策划

---

① 邵燕君：《安波舜访谈录》，《倾斜的文学场》，江苏人民出版社，2003，第134页。

人安波舜是经过认真思考和策划的，并以文学精英者的姿态和勇气去挑战图书出版市场化和文学市场化所带来的冲击，虽然这种挑战包含着更多的迎合市场经济的因素。出版策划人安波舜提起自己当年引以为荣的"布老虎丛书"时还是有些激动。在书将要出版前，他突然想出来"布老虎"这个名字，立即打电话问王蒙、贾平凹、铁凝等一批知名作家，他们都说"好！好！"。这样，具有传播性、符号性的"布老虎丛书"品牌被推广开来。安波舜说："很多人都认为'布老虎丛书'是中国新时期文学，商业操作影响力最大的一套丛书，它的成功除了因为跟当时的名家加盟和市场运作合理化外，一个很重要的原因就是布老虎的名字。"[①] 从中可以了解到该套丛书已经策划运作完成，出版在即，"只不过要想起个什么的样名字能够符合这个丛书的内在品性和文学传播的广泛特性"。这样"布老虎"成为春风社的品牌图书的名字，此后，"布老虎"作为国内首个图书商标注册成功，使它成为受法律保护的专有商品。一系列的商业炒作使"布老虎丛书"很快成为家喻户晓的品牌文学畅销书。

"布老虎丛书"能够成为业界、学界公认的文学畅销书品牌，主要源于"布老虎丛书"稳定的出版理念与出版市场化的契合和系统的营销运作。2002 年时任春风社副主编的臧永清说："在众多的变化中，'布老虎丛书'也有它不变的东西，一是促进中国文学发展的使命感不变，让中国好看的小说文学化起来；二是题材不变，依然是爱情小说。要把春风文艺出版社'打造成中国爱情小说的生产基地'。"[②] 这是"布老虎丛书"十年庆典时，臧副总编对"布老虎丛书"出版理念的总结，与策划人安波舜"创造永恒、书写崇高，还大众一个梦想"[③] 的创作理念是一致的。"布老虎丛书"高举"高雅文学"和"促进文学发展"的大旗，以书写"美好爱情"为主题，吸引怀

---

① 盖云飞：《"布老虎"如何被打造成畅销书的？》，中国作家网，2010年5月5日，http://www.chinawriter.com.cn/news/2010/2010-05-05/85136.html。
② 来源：《北京青年报》2002年12月。
③ 安波舜：《"布老虎"的创作理念与追求》，《南方文坛》1997年第4期，第5-6页。

有崇高文学理想的作家和"渴望激情"的读者。这样给了专业作家加盟创作的理由，又稳定和扩大了读者群，从而在作家选择、题材选择和读者接受等方面都宽泛了，使得"布老虎丛书"在高雅与通俗、传统与经典、文学生产与文学消费之间达到有机契合。从 1993 年到 2000 年，"布老虎丛书"长篇系列共出版了 10 余位有号召力和影响力的作家的 20 余部畅销之作，包括洪峰的《苦界》（1993）、《湮没》（1995），陆涛的《造化》（1994），铁凝的《无雨之城》（1994）、《大浴女》（2000），赵玫的《朗园》（1994），梁晓声的《泯灭》（1994），崔京生的《纸项链》（1994），王蒙的《暗杀——3322》（1995），潘茂群的《猎鲨 2 号》（1996），张抗抗的《情爱画廊》（1996），叶兆言的《走进夜晚》（1996），贾平凹的《土门》（1996），芳青的《东方迪姆虎》（1997），皮皮的《渴望激情》（1997）、《比如女人》（2000），许佳的《我爱阳光》（1998），杨争光的《越活越明白》（1999），卫慧的《上海宝贝》（1999），等等。2000 年，铁凝创作的《大浴女》创下了发行 40 万册的业绩。卫慧的《上海宝贝》没有列入春风社"布老虎丛书"系列的作家作品中，这是春风社和策划人安波舜永远不愿提及的"伤痛"。这段"伤痛"背后是 90 年代出版市场真实的反映。

　　大众文化在 20 世纪 90 年代迅速崛起，大众文学作品中的色情与暴力，更容易进入文学叙事领域，这是文学出版和文学创作迎合市场和取悦大众读者的主要表现手法。1993 年贾平凹的《废都》和陈忠实的《白鹿原》两部长篇小说几乎同时出版。有大量色情描写的两部小说问世之后，在批评界知识界、得到不同反响的评价而引起轰动。贾平凹被视为中国文坛有着很大影响力的重要作家之一，但《废都》却因所表现的"堕落""颓废""色情""无耻""媚俗"等受到批评界、知识界最为严厉的批评，直至被列为"禁书"停止发行；《白鹿原》被誉为"雄奇史诗"得到主流批评家坚决支持和关注，陈忠实因此名声大噪，并于 1988 年荣获第四届"茅盾文学"大奖。这里姑且不去探究如此评价是否客观、公允，结果是两部小说都非常"畅销"，尤其是《废都》的发行量很难用百万来统计（包括盗版的）。^① 聪明的"布老虎丛书"策划人从中看到了"停刊"与"主流好评"都能够成为促使图书畅销的最佳广告，而"性意识"描写只要无伤大雅就会成为图书畅销的主要因素。因此，从 1993—1998 年，"布老虎丛书"策划人很谨慎地规约文学创作的内容和叙事方式，以适度的"两性关系"叙写着"美好爱情"，满足了读者"渴望激情"的期待。随之，张抗抗的《情爱画廊》"江南美女，有着乱伦走向的故事和掺杂两性描写的叙事，在戏剧化冲突之后，得到完美化解"成功地软着陆：几十万的累计销量，虽然评价褒贬不一，但没有引起批评界、管理层的"震怒"。出色的"畅销"业绩给春风文艺出版社、编辑、作家带来丰厚了的利润，同时也让"布老虎丛书"的策划和编辑们的出版信心"空前膨胀"。在"膨胀"状态下的策划必定是偏失的，《上海宝贝》就是这样在这种偏失状态中策划出版的。1999 年卫慧的《上海宝贝》出版之始，策划者们利用各种媒介就此书的装帧、文本和作者进行"暴露式"的"炒作"，以此满足大众追求娱乐的消费心理。"布老虎"策划者们接着又采取对作者、作者自己和女人身体过分"炒作"的方式进行宣传，结果引来"灾难性"的后果：2000 年 5 月初，卫慧的《上海宝贝》因"有不太健康淫秽内容"被国家出版署查禁。春风文艺出版社及其所属"布老虎丛书"编辑部被勒令停业整顿，"布老虎丛书"创始人、总策划人安波舜被春风社辞退，《上海宝贝》一书责任编辑白烨，还有编辑部主要成员被春风社清退。此次严厉的处罚，确实达到了《上海宝贝》畅销的预期，但想要达到与《废都》"禁"而"不废"的效果是不可能的。"《废都》在本质上是一部'心理现实主义'小说。它的尖锐性和深刻性，在那个时代达到了难以企及的程度。"^② 而从《上海宝贝》中看不到任何美的东西。

---

① 孟繁华、程光伟：《中国当代文学发展史》，北京大学出版社 2011 年 10 月版，第 330 页写道：《废都》首印 50 万册。后来，公开出版和半出版 100 多万册，据说被盗版 1200 万册左右。

② 孟繁华：《中国当代文学通论》，辽宁人民出版社，2009，第 332 页。

　　"布老虎丛书"不愧自称是中国当代文学"第一品牌"。经过一年多的"整顿""变脸"后，春风社于2001年9月高调复出，辽宁春风文艺出版社在"布老虎丛书"长篇小说基础上，又强力推出"红月亮"小长篇系列（中篇系列），是"布老虎丛书"以长篇为主的品牌的延伸。时任副总编的臧永清介绍说："根据当代作家创作，其内容将改变成先锋性、时尚性和文学性结合得很好的现代都市爱情小说"，"因为要吸纳年轻读者，所以在作家的选择上，倾向于更了解年轻读者心态的年轻作家。但是对年轻作家的要求是，必须在文学界产生过广泛的影响，而且上升的势头非常强劲。我们要出版的作品可能会是这些年轻作家创作上里程碑式的作品"[①]。这样，以整体春风社为核心的运作机制形成，完成"布老虎"家族系列布局，标志着畅销书运作机制的成熟。"布老虎丛书"凭借其文学畅销书品牌的强大号召力，从2001年到2007年，策划推介出多位有号召力和影响力作家的畅销作品，长篇小说包括赵凝的《冷唇》（2001）、《体香》（2003），王子君的《白太阳》（2001），李燕子的《再婚》（2002），徐坤的《春天的二十二个夜晚》（2002），陆涛的《伞下人》（2002），洪峰的《中年底线》（2002）、魏微的《拐弯的夏天》（2003）、《回家》（2005，中篇），刁斗的《欲罢》（2003），津子围的《我短暂的贵族生活》（2003），江键宁的《暗香浮动》（2004），葛非的《人面桃花》（2004），范小青的《女同志》（2005），须一瓜的《淡绿色的月光》（2004，中篇），北北的《寻找妻子的苦菜花》（2004，中篇），还有莫言、张炜、陈昌平、麦家等知名作家的作品。布老虎长篇小说中有13种书获全国优秀畅销书奖等奖项。此系列还拓展出布老虎散文，至今已推出23种书，其中有余秋雨的《文明的碎片》，宗璞的《铁箫人语》，铁凝的《河之女》，赵玫的《一本打开的书》，张承志的《粗饮茶》，王充闾的《成功者的劫难》《春宽梦窄》，王蒙的《四月泥泞》，史铁生的《好运设计》，陆文夫的《壶中日月》，张抗抗的《牡丹的拒绝》，陈平原的《茱

---

① 陶澜：北京青年报2002年12月24日。

荑集》，周泽雄的《耳朵的立场》，赵园的《红之羽》，张远山的《吊驴子文》，孙郁的《文字后的历史》等著名作家的选本。2003 年还推出了布老虎随笔 5 种，收入了王充闾、止庵等名家的作品。这两个系列成为散文和随笔的重要讲坛。2002 年推出了布老虎中篇小说，至今已推出 22 种，包括津子围的《布老虎中篇小说（秋之卷）》、张炜的《布老虎中篇小说（冬之卷）》、莫言的《布老虎中篇小说（春之卷）》、陈应松的《布老虎中篇小说（夏之卷）》、吴玄的《像我一样没用》、红柯的《莫合烟》、须一瓜的《淡绿色的月光》、北北的《寻找妻子古菜花》、麦家的《让蒙面人说话》、艾伟的《小姐们》、魏微的《回家》、陈昌平的《国家机密》、盛可以的《取暖运动》、葛水平的《喊山》、晓航的《送你一棵凤凰树》、钟晶晶的《你不能读懂我的梦》、孙春平的《怕羞的木头》等荟萃了国内中篇小说精品。1998 年，同样是"布老虎"品牌的衍生，"小布老虎"问世。经过 9 年的发展壮大，成为国内儿童文学领域的知名品牌。这个品牌汇集了儿童文学领域的著名作家，像秦文君、孙幼军、陈丹燕、张之路、汤素兰、常新港、周锐、车培晶，旨在不断推出名家、名作、经典、精品。至今推出 52 个品种，平均发行量 5 万册，最高发行量 19 万册，其中有 18 种书获全国优秀儿童文学奖、全国优秀畅销书等奖项。"布老虎"品牌下的青春文学是 2003 年创立的。也是因为这一支突起的文学潮流，领军和主导了整个国内青春文学。比如郭敬明的《梦里花落知多少》《幻城》《岛》系列，张悦然的《樱桃之远》，落落的《年华是无效信》，那多的《那多三国事件簿之曹操登场》系列，许佳莉的《最有意义的生活》，蒋峰的《维以不永伤》，管笑笑的《一条反刍的狗》，笛安的《告别天堂》，朱古力的《绝杀》，徐璐的《从此尽情飞翔》等都是这个系列中的中坚力量。至今这个系列已推出图书 33 种，平均发行量在 18 万册，最高发行量达 145 万册。其中有 12 种书获全国优秀畅销书奖等奖项。从春风社"布老虎丛书"发展过程看，成功的文学策划，是"可以使作品迅速与市场接轨，纳入读者'文学接受'的正常轨道，而且也会进一步扩大文学在整个社会的影响和传播"①。

二、《狼图腾》"话题营销"典型运作模式

在当今出版界，长江文艺出版社北京图书中心的策划人安波舜，编辑金丽红、黎波被称作出版界"金三角"。他们三人利用策划、编辑、营销的畅销书运作模式，成功推介出《狼图腾》《搭上健康快车》《狼烟北平》《忏悔无门》等畅销书，其中《狼图腾》成为超级畅销书，使长江文艺出版社的分支机构"北京图书中心"为该出版社带来了不菲业绩。《狼图腾》一经出版，在畅销书运营中，就获得其他文学作品难以比肩的市场业绩，创造了一个又一个奇迹，占尽无限风光。发行量大，"出版发行5年间，始终处在畅销书排行榜前列，在国内累计发行量达240万册"；全球范围影响力大，"迄今已经售出27种语言版权，除阿拉伯语之外覆盖所有大语种，英语版是在全球110个国家和地区同一时间发行"。广泛的读者群和跨界影响，"英国的教育大臣亲自撰文推荐《狼图腾》；美国的两家著名畅销书评论报刊《纽约时报》和《时代周刊》都刊登评论文章。此外，在台湾，著名企业家郭台铭倾力推荐《狼图腾》，已经是21次印刷；在香港著名企业家李嘉诚隆重推荐，已经是19次印刷。《狼图腾》还获得亚洲文学奖"②。这些表现足以证明《狼图腾》是原创超级畅销书。之前作者姜戎名不见经传，没有任何作品引起业界关注，而这部小说内容中没有性爱、隐私，没有凶杀、暴力等等畅销书常备的"畅销"因素，却创造畅销书出版发行的奇迹，体现了市场运作与文学策划是文学生产的必经之路。

《狼图腾》一书的策划人是安波舜，他是中国90年代以来文学策划中最为重要的人物之一。之前（1993—2000），他为辽宁春风社"布老虎丛书"

---

① 孟繁华、程光伟：《中国当代文学发展史》（修订版），北京大学出版社，2011年版，第371页。

② 伍旭升：《30年中国畅销书史》，江西教育出版社，2009，第106页。

品牌策划出版了一系列有影响的畅销作品，2000 年因卫慧的《上海宝贝》"宝贝事件"而转投长江文艺出版社北京图书中心，继续他的文学理想之梦。"创造永恒、书写崇高，还大众一个梦想"一直是安波舜创作理念和追求。"凡能丰富中国文学的审美视野、小说艺术的表现领域，满足读者的欣赏需求和阅读期待，具有'精英文化、大众趣味、百姓情怀'品质，不限风格、题材、篇幅，不拘囿作家创作阅历长短，能体现上述宗旨者皆可入选。"①从这段出版说明中可以看出安波舜"为文学留点香火"的"尚雅"情怀的出版理念还没有改变。《狼图腾》的策划获得巨大成功，使安波舜这位文学策划高手从因自己出的"昏招"而引发的"宝贝事件"所造成的心理阴影中走出来。《狼图腾》这部带有一定学术性的文学作品获得社会各界的广泛认可，源于"话题营销"和"文化营销"的畅销书运行机制的成功实践。首先，《狼图腾》的文学主题是在"高雅文化"可接受的范畴内，得到业界、批评界的关注和激情推荐。安波舜在题为《我们是龙的传人还是狼的传人？》的荐言中写道："这是世界上迄今为止唯一一部描绘、研究蒙古草原狼的'旷世奇书'，阅读此书，将是我们这个时代享用不尽的关于狼图腾的精神盛宴。"②作家、评论家周涛荐言："这当然是一部奇书，一部因狼而起的关于游牧民族生存哲学重新认识的大书。它直逼儒家文化民族性格深处的弱性。"③文学批评家、文学史家孟繁华荐言："《狼图腾》在当代中国文学的整体格局中，是一个灿烂而奇异的存在；如果将它作为小说来读，它充满了历史和传说；如果将它当作一部文化人类学著作来读，它又充满了虚构和想象。……这是一部情理交织、力透纸背的大书。"④"世界唯一""旷世奇书""精神盛宴""生存哲学的大书""灿烂而奇异""历史和传说"等等充满阅读诱惑的荐言，已经让读者产生强烈的阅读欲望。但真正让《狼图腾》持续畅销的是作品本

---

① 姜戎：《狼图腾》，长江文艺出版社，2004，第 1 页。

② 姜戎：《狼图腾》，长江文艺出版社，2004，第 1 页

③ 姜戎：《狼图腾》，长江文艺出版社，2004，封底页。

④ 姜戎：《狼图腾》，长江文艺出版社，2004，封底页。

身"以狼叙事主体的史诗般小说"所引起的"游牧文化"与"农耕文化"、国民性"狼性"与"羊性"、民族意识"狼图腾"和"龙图腾"的文化追问。李小江的《明星式造势论"狼图腾"的核心寓意——国民性、民族性与民族主义问题》一文对这样的追问做了合理的论述："对于文学艺术领域中，民族主义是一把双刃剑：一方面，它会让作品产生出巨大的精神力量，如本雅明所说'从民族性火一般的根基里'可以产生纯粹的人性，体现了'民族性及人道在形而上学意义上的同一性'。但另一方面，也如本雅明指出，民族意志一旦成为使命进入文学，便成为美的障碍：'只有当语言摆脱了最伟大使命的禁锢，真正意义上的文学作品才会产生。这样的文学作品不是从上帝降临人世，而是由灵魂的不可穷究之处升腾而出；它们是人的最深的自我的一部分。'——在这个意义上谈论国民性问题，《狼图腾》的得与失都在其中了。"①

如果说"话题营销"是策划围绕文学文本"文化"内涵这一核心内容所采取的"文化营销"手段，那么以大众传媒制造新闻事件来推动文学作品畅销是文学策划在运营实践中采取的主要方法。20世纪90年代，大众传媒高速发展催生了大众文化的迅速崛起。以传媒作为载体的文学批评，因其本身具有的新闻性、趣味性和时尚性，改变了大众读者传统的文学接受方式。"时效性"规约出了大众传媒制作周期短、容量大、见效快的特点。又因版面限制，只能以"碎片化"的形式迎合大众"快餐式"的阅读需求。文学若以"碎片"形式"散落"在大众面前，文学便被"大众传媒"这条快速运转的传播机器碾磨、消解，大众文学阅读的只是物化的、世俗化的、娱乐化的"压缩饼干样品"。文学审美和文学想象等精神维度的艺术内涵被制造成一个个"文化热点"和"新闻事件"。"当文学界的现象、事件被媒体走马灯似的冠以各种各样时新、刺激的名号，在新闻传播的符号体系中运行的时候，文

---

① 李晓江：《明星式造势论"狼图腾"的核心寓意——国民性、民族性与民族主义问题》，《文艺研究》2009年第4期。

学无法以相对完整的形象显现自身，相反，它无可避免地被肢解为大众文化的元素，参与着这样的文化关系的构成：满足消费成为压倒一切的文化价值实现自身的方式。"[①] 在大众传播语境下，文学也在不断调整与大众媒体的关系，从而拓展了文学生产与传播的空间。安波舜深谙此道，他不会忘记大众传媒在策划组织"布老虎丛书"运营中所起到的重要积极推动作用和由它带来的惨痛教训。首先让我们看看"布老虎丛书"从 1993 年到 1999 年运营时所发生的一系列新闻事件以及所产生的社会反响对文学生产与传播的影响。1993 年，首次采用作家签约制度的"稿酬新闻"和"图书印刷品类商标注册新闻"。这是具有新闻效应的开创之举，《南方周末》率先报道，之后引起多家媒体纷纷报道转载，社会效益和经济利益无法估量。1997 年"百万元征集金布老虎爱情小说"的征稿启事成为头条新闻，不仅刊登在《中华读书报》的显要版面，还被 200 多家报刊转载，又是一次营销大丰收。1999 年的"《上海宝贝》事件"，面对媒体铺天盖地的批判，安波舜和春风社被推上媒体批评的风口浪尖。这次媒体批判是安波舜意料之中、控制之外的，也充分显示了体现主流意识形态的大众传媒话语对文学话语具有制约效用。因此，策划营销《狼图腾》的出版运营过程中，安波舜和长江文艺出版社在能掌控的情况下，不断制造新闻热点：点燃评论"狼"烟、众星造势首发式、名牌大学"研讨会"惹争议、电影公司竞相争夺改编权和平面媒体、网络、电视媒体全面出击等等。《狼图腾》采取的是全方位、立体式的宣传造势，策划人、编辑亲自参与各项宣传活动，"整个《狼图腾》'话题营销'的过程，背后实际上是营销一种'狼文化'。《狼图腾》在中国市场乃至全球推广的成功，更是中国原创图书'文化营销'的胜利"[②]。20 世纪 90 年代以来，社会经济机制运作使大众媒体产业化得以实现，构成了新的文学传播语境。在新的文学传播语境中，传统的个人封闭的文学创作样态，只能作为曾经的

---

① 陈霖：《文学空间的裂变与转型》，安徽大学出版社，2004，第158-159页。
② 伍旭升：《30年中国畅销书史》，江西教育出版社，2009，第109页。

文学实践方式而回忆，处在焦虑状态中的作家在艰难地选择。但"大众传媒并不一定会置小说于死地，相反却有可能成为小说重构的一个动力场"[①]。《狼图腾》这部五十万言的旷世奇书书写着这样的人类生活的生存处境和生态文学发展境况。

三、个人创作与团队制造互动的典型运作模式

21世纪以来，因网络文学与青春文学异军突起，畅销书出版业空前热闹与繁荣，"据有关资料显示，2002年全年畅销品种前5%的图书创作了51.99%的销售额；文学图书在2002年仅以8.04%的畅销品种占到了80.87%的市场码洋，它的表现已经不是'二八'定律了，而是'一九'定律了；这些现象在随后的几年并没有改变。"[②] "二八"定律是20世纪初意大利统计学家、经济学家帕累托（Pareto）提出的，是指在任何特定群体中，重要的少数的大约占群体的20%左右，次要的多数的约占80%。应用到畅销书出版业是20%的畅销书品种产生80%的效益。畅销书在图书市场的表现说明"畅销书时代"真的到来了。学界不仅对于网络文学这一文学概念存在争议，而且对网络文学作者可被称为作家、其作品可属于纯文学范畴、其作品可进入文学史持否定、怀疑态度的大有人在。但这不影响网络文学在畅销书出版业显示出的持续旺销能力，因为它使文学图书市场焕发出青春和活力。网络文学作者无须"准入证"便能进到文学现场进行表演，网络读者又可参与创作活动。这种开放性和交互性，使无穷的创作资源和阅读资源汇集在网络下，催生了网络文学开始蓬勃汹涌地发展起来。这方面可从郭敬明《幻城》的Flash版挂网时的情景去感受网络文学的这种开放性和交互性："2003年2月28日，春风社正式推出挂在'金豹网'上的《幻城》Flash版，同时在新浪网、人民网等大型门户网站上设置链接。《幻城》的Flash推出的第

---

① 胡玉伟：《文学：历史与现实》，黑龙江人民出版社，2007，第185页。
② 伍旭升：《30年中国畅销书史》，江西教育出版社，2009，第12页。

一天，点击率就超过了一千次。虽然 Flash 仅短短一分多钟，但在网上迅速传播，引来'幻迷'们纷纷对其画面、音乐发表意见，一位'幻迷'甚至主动要求联络绘画超厉害的高手为《幻城》重新制作 Flash 版。这个花费两千余元的 Flash，以其新潮时尚的方式得到了中学生的青睐。"[1] 这是因网络文学而出现生产与销售两旺的繁荣景象。痞子蔡，原名蔡智恒，他的第一部网络小说《第一次亲密接触》于 1998 年 3 月 22 日在台湾网络发表完毕，引起广泛关注。2003 年大陆版《第一次亲密接触》（知识出版社）出版并畅销，在 1999 年—2005 年畅销书排行榜上排名第一，在畅销书作家排行榜上排名第三。之后"邢育森的《活得像个人》《网上自有颜如玉》《柔人》，安妮宝贝的《呼吸》《告别薇安》，宁财神的《无数次接触》，李寻欢的《迷失在网络与现实之间的爱情》，慕容雪村的《成都，今夜请将我遗忘》"[2] 等网络知名作家作品广泛传播。同时，网络文学蓬勃发展，将网络文学推向了"类型化"，如《鬼吹灯》系列"穿越小说"，《诛仙》等"玄幻小说"，《地狱的 19 层》《荒村归来》等"悬疑小说"。网络文学与青春文学有着不可分割的血缘关系，网络文学重要作品大都被畅销书策划和编辑挖掘出来，成为纸质图书进而畅销。这些人因与青春文学的作者"80 后"们年龄相仿，又成为青春文学的作者。郭敬明、痞子蔡、安妮宝贝等都是发迹于网络，成名于纸质图书畅销。韩寒因特立独行的性格、体育明星的身份、犀利的语言、文笔才情深受网络读者喜爱，其博客点击率很高，所以，网迷更愿意称他为网络文学作家。网络文学杂芜，作品的艺术水准和精神境界差距很大，读者慧眼识珠及网络文学自身的自我淘汰机制是它发展的基础与希望。

在文学畅销书领域内，之所以将青春文学和网络文学放在一起探讨它们的畅销现象，是因为有的青春文学作家发轫于网络。而网络作家群年龄与青春文学作家基本相仿，以"80 后"为主，两者的阅读群主体是一样的，

① 伍旭升：《30年中国畅销书史》，江西教育出版社，2009，第100页。
② 贺绍俊、巫晓燕：《中国当代文学图志》，春风文艺出版社，2009，第329页。

大都与作者年龄相仿或相近。所以，这是符合畅销书运营规律的。"80后"是以作家出生年龄作为标志而命名的作家群体。"青春文学"指的是"80后"作家的创作主题、文学叙事、审美风格等都与青春有关，体现了这个时代的青春特质。郭敬明是青春文学领军人物，也发迹于网络。通过与传统出版社的深度合作，郭敬明从网络写手迅速成为畅销书作家、文化明星、时尚达人。郭敬明在2002年以《我们最后的民谣》为题的作品参加了"新概念作文大赛"并获奖，2002年因网络版《幻城》点击率高而引起出版界、学界关注。2002年，春风文艺出版社"布老虎丛书"的策划编辑率先发现《幻城》受到广大网络读者欢迎，继而约请郭敬明将其扩改为长篇，并达成一致意见。2003年《幻城》单行本出版，起印10万册，仅三个月就销售120万册。随后《花落知多少》（2003）出版，起印37万册；《岛》系列（2004起）起印20万册以上（此数据来源于"布老虎丛书"内部资料），显示出强大的市场号召力。在整个营销过程中，春风社凭借"布老虎丛书"品牌的影响力和纯熟的市场运营经验，使郭敬明及青春文学成为21世纪畅销书出版业的明星。郭敬明不仅仅是出版社签约作家，《岛》系列的成功运作（后来郭敬明成立艾柯公司，与长江文艺出版社北京图书中心合作，主编出版《最小说》系列），使郭敬明完成从签约作家到策划名人的角色转换，也使写作由个人的文学实践活动到团队的文学制造变成可能，为当代文学产业化带来重要启示和思味。韩寒是青春文学另一位掌门人。1999年，16岁的韩寒在第一届"新概念作文大赛"中以《杯中窥人》为题的作品获得一等奖。2000年，17岁高中生韩寒的成名之作《三重门》出版并畅销。在文学创作领域里，他比同龄的郭敬明早出场两年，是青春文学阵营里有影响力的作家。与知名出版社合作后，先后推出很多重要作品，如《三重门》（2000年，累计发行130万册，是中国近20年销量最大的文学类作品），《零下一度》（2000年，累计发行90万册），《像少年啦飞驰》（2002年，55万册），《毒》（2002年，30万册），《通稿2003》（2003年，40万册），《长安乱》（2004年，50万册），《一座城池》（2006年，首印50万册）等。张悦然、落落、春树、马小淘、颜歌、笛安、李傻傻等等均是青春文学里的畅销作家。在 1999 年—2005 年文学类畅销书作家作品排行榜里的前五位，青春文学和网络文学分别占了三席，其中郭敬明的《幻城》排在畅销作家第一位，畅销作品第四位；韩寒的《三重门》排在畅销作家第四位，畅销作品第五位。青春文学作品在文学图书出版市场持续畅销，不排除各种市场化营销手段的使用，更重要的是文学作品（商品）能够被更多的读者接受（消费），从这个意义来看，青春文学的畅销映衬出阅读人生的个性发现时代到来了。初中生、高中生、大学生是青春文学的阅读群体，他们的人生体验、生活状态、知识谱系、情感发泄、审美趣味等需要通过文学作品表达出来。"80 后"作家与他们年龄相仿，能够深入地体察和了解他们的情感、生活和个体生命体悟，也就是在同一知识谱系下的述说与聆听，文学生产与文学消费两方面的需求都得到最大释放，这样形成了一个特异的新型的青春文学产业。如郭敬明工作室推出策划主编《岛》系列、《最小说》系列，雪漫创意传播机构推出的《左耳》系列、《沙漏》系列、《离歌》系列等。还有共和联动、磨铁文化、宏文馆、王立工作室等一批策划、推介、制造青春文学的畅销书运营团队。

四、媒体、影视互动、出版跟进典型运作模式及其他

中央电视台于 2001 年 7 月创办了"百家讲坛"栏目，栏目内容面向有很高学术修养的中老年知识分子。到 2005 年因节目收视率太低，曾创下零收视率的最低纪录，面临被淘汰的尴尬局面。第二任制片人聂丛丛调整了节目内容，改为面向"初中以上的年轻人"，并以讲评书方式，多采用大众喜欢的现代口语，掺杂一些当下民间流行的无厘头语言，配以图、文、声等现代传播技术手段，抓住年轻观众的心理。"百家讲坛"栏目"经典通俗化"包装完成后，凭借中央电视台的强势媒体的推介，使易中天、刘心武、阎崇年、纪连海、于丹等走出"书斋"，走进"百家讲坛"，并迅速拥有超强人气。出版社借助这些人的广泛影响力和名人效应快速策划推出相关的图书。易中天的《易中天品三国》创下 14% 的版税和首印 55 万册的出版奇迹，并

雄踞 2006 年、2007 年国内文学类畅销书榜首，形成"易中天热"和通俗化解读古典名著的现象，满足了大众"轻经典"的阅读乐趣。之后，刘心武的《刘心武谈红楼梦》发行 60 万册；于丹的《于丹〈论语〉心得》更是成为超级畅销书，并一度出现"洛阳纸贵"的畅销情景。

"影视同期书"与"影视后期书"是出版社与影视互动推介文学畅销书的又一典型运作模式。王朔的作品早在 1988 年就有《顽主》《大喘气》《浮出水面》《一半是火焰，一半是海水》等四部小说被改编为电视剧，只不过当时中国电影市场处于低潮期，导致王朔的小说和改编成的电影都未引起业界和学界的关注。1992 年，《编辑部的故事》在北京电视台热播之后，王朔及其作品引起了众人的关注。1994 年，华艺出版社看好王朔凭借电视剧的影响而形成的超强人气，策划出版《王朔文集》。这部文集开辟了年轻作家出版文集的先河，文集自带的轰动效应与之前作家所拥有的超强人气，使这部作品一经出版，便风行各地。另外，还有武侠系列、港台言情系列、青春文学系列、经典名著系列、红色经典系列等等都有影视与出版社互动策划出版畅销书的运作模式参与其中。

文学畅销书出版运作因出版企业不同、出版理念不同、策划运作不同，使得它们的运作模式各有独特之处。以上所述只是众多文学畅销书中具有典型意义的运作模式，虽然无法涵盖所有的具体运作模式，但因其在文学畅销书实践中的成功运作，对我国文学畅销书的运作模式具有借鉴和指导意义。

第三节 21 世纪文学畅销书的"新质"

21 世纪作为一种时间的赓续并非意味着与 20 世纪 90 年代有何"质"的不同，但随着社会文化语境的变化在文学的生产与消费中又确实出现了许多新的质素，这些"新质"诱发我们对于文学畅销书的深层思考，无论这些文学书畅销现象我们是拒绝还是接受但都必须正视，因为这些文学现象的出现都有其生成的必然。

一、文学畅销书生产的社会文化生态语境

当我们的社会进入 21 世纪确实在社会文化的生态语境中发生了诸多的变化，这些社会文化生态语境的变化无形或有形地影响着文学的生产与消费。文学生产的全面市场化必须全面适应这种新的变化，顺应时代的需求进行自我的生存选择，从而推动文学畅销书的生成与发展。21 世纪社会文化生态语境呈现的异质化因素主要有以下几方面：

（一）生活节奏的变化中的阅读需求减弱

当下的社会以快节奏、高效率著称，现代科技的高速发展，以其惊世骇俗的影响力和推动力，导致现代人的生活节奏在无形中变得越来越快。我们享受着现代科技带来的丰富而便捷的生活，但也应同霍克海默一样做出反思："当技术知识扩大了人的思想和活动范围时，作为个体的人的自主性，他对日益发展的大众操纵机构进行抵抗的能力、想象力和独立的判断，似乎被剥削了，旨在启蒙的技术能力的进步伴随着非人化的过程。"① 生活的节奏就是人一天由早晨起床到晚上休息这个时间区间内所做的事情与其时间安排以及进行与转换的频率。现代科技的无形之手强势、粗暴地拨快了人们的生活时钟，现代社会的快节奏推动着人们生活的节奏也随之加快，现代人几乎如陀螺般旋转以适应社会的运行节奏，每天从早晨起床便开始高速的运行，直到晚上休息才真正停摆。

由于城市规模的扩大，人们到达学习或工作单位的距离变长，于是只能早起并压缩早餐的时间；工作强度的增加，只能提升工作效率；休息时间的缩短只能以快餐来解决饮食的需求；生活的压力增大只能依靠最便捷的生活方式来缓解。我们所处的是一个过于注重结果的冷酷世界，经历的是一个

---

①霍克海默：《理性的失色》前言，New York，1974。

漠视过程甚至企图抹去过程的虚伪时代。于是阅读成为生活中的奢侈需求，人们更多地选择以影视、网络的游戏等方式来排解生活中的疲劳感，细心咀嚼文字魅力的品位被影视节目的视听享受和游戏中的虚幻刺激所代替。生活的快节奏削弱了阅读的需要，品味文字之美需要静心凝神，让生活的节奏慢下来，甚至是生活之钟暂时停摆才能真正感悟文学作品的真谛，让自我摆脱世俗的纷扰进入澄澈的精神时空，以获得心灵的舒畅。但这种"诗意的生活"在注重物质生存价值的现代社会已然消弭于无形，即便是文字的阅读也是以"快餐"文化为主，生活的疲劳感需要以更快捷的方式消除，从而迅速投入到新一轮激烈的社会竞争之中。

马修·凯利在《生活的节奏》中说："作为人类的我们有一个最大的失败，就是无力出席我们自己的生活。这话听起来可能很荒诞，但却是实实在在的。"[①] 或许他说的另一句话更加明确："千千万万的人们已经丧失了自己的生活，而他们甚至对此毫无觉知。"我们有时扪心自问："这是我想要的生活吗？我们真的需要每天忙碌不堪吗？"[②] 可能我们的答案是否定的，但是我们已经失去了反思的能力，或者说是选择的自由，作为社会的人，能够真正做出自我选择，并最终走向自我价值实现的依然是少数，大多数人被社会所挟制使自我的生活无法驻足享受。这恰如凯利所言："我们被一个谎言催了眠。那个谎言说：满足欲求是打开幸福之门的钥匙。这真是天大的谬论，要知道对于并非真正必需的东西，你的欲望是永远不会餍足的，而不满足你就不会获得真正的幸福。"[③] 现代社会激发人们无法填满的欲壑，人们满足于物质价值的自我确认，而不再追求精神上的自我确认，文学阅读中的自我精神确认成为可有可无的所在，于是阅读的需要自动地在现代人的生活中淡去了。

---

①马休·凯利：《生活的节奏》，肖雅男译，东方出版社，2011，第3页。
②马休·凯利：《生活的节奏》，肖雅男译，东方出版社，2011，第57页。
③马休·凯利：《生活的节奏》，肖雅男译，东方出版社，2011，第77页。

（二）文化传播媒介变化中的替代性选择

文化传播媒介对于文学生产与消费的影响是非常明显的，这无须赘述。在进入 21 世纪以后，以影视为代表的电子媒介和网络以及手机等传播媒介对文学的发展产生了巨大的影响。在文化传播媒介的变化中，使人们由传统的、封闭的、单一式的阅读真正步入现代的、开放式的、多样性的阅读模式，现代阅读开始进入多元化的时代。据统计，在 1990—1995 年的大陆畅销书排行榜中，文学类书籍占到了 60%—80%。但到了 2007 年，这个比例已经跌至 20%。[①] 文学的载体从书籍报刊这样的传统纸质媒介扩展到光盘、网络、MP3、手机等电子媒介，传统的文学阅读出现了替代性选择。

现代电子媒介的兴起对传统阅读的文学观念构成了挑战，这种挑战其实从影视媒介一出现时就已经显现了出来。在 20 世纪 40 年代，郁达夫就曾经表达过这种危机，他认为 20 世纪以来，小说艺术的衰弱，皆由一个"声光的巨兽在那里作怪的缘故"[②]。这个"声光的巨兽"毫无疑问就是影视媒介，影视作品现在已然成为受众消闲的首选。影视媒介改变了传统阅读的欣赏方式。以电子媒介为依托的文学式样欣赏模式因受环境的限制，影响了受众的接受自由。这种文学欣赏模式使得受众的欣赏只能在特定的环境下一次性、不间断地完成，是浅阅读。传统的文字阅读在相对时间内是自由的，读者可以自主选择阅读的时间和间歇的时间。阅读环境和阅读时间的自由选择使阅读者通过个体与文学作品接触，在静谧环境里营造一个神秘的、韵味无穷的心灵世界，享受文学作品中淳厚的美感愉悦。但在欣赏影视作品的过程中，这一切被声色震撼、感官冲击所取代。文学阅读是读者借助文字符号去展开丰富的想象，也就是所说的"一千读者有一千个哈姆雷特"。但在欣赏影视作品的过程中，拍摄者用自己的想象代替了受众的想象，变成了一个哈姆雷特就完全占据了千千万万受众的想象空间，从而形成受众的思维惰性。在现

---

① 李华颖：《1990年以来中国大陆畅销书变迁研究：基于大众文化的视角》，《新闻大学》2009年第1期。

② 郁达夫：《郁达夫文论集》，浙江文艺出版社，1985，第452页。

代人的生活中，随着商业化的程度越来越高，人们的生活节奏加快，人们的闲暇时间被各种信息挤占，越来越多人的文学阅读模式转向为电子媒介，尤其是电视已经成为人们日常生活的主要内容，通过电视欣赏文学作品成为人们主要的阅读模式。

20 世纪 90 年代以来，新的传播媒介开始在全球释放其强大的影响力，这就是网络，特别是在进入 21 世纪以后互联网的日常化。现在，网络已经走进了千家万户，成为人们生活中不可分割的一部分，甚至已经占用了人们更多的休闲时间，对社会生活施加了全面的影响。网络几乎囊括了传统媒介的一切表现形式，可以同时传递文字、声音、图像、数据等信息。它的特点是数字化、全球性、多媒体、交互式等。网络的广泛应用将给传播媒介带来革命性的变化，其影响现在也许只是开端。网络与文学的联姻形成网络文学，我们在这里使用"网络文学"的概念是源于更注重原创性。网络不仅改变了文学传播方式，以及文学的载体，网络进入到文学场域之后，给传统文学观念、程序、法则带来了巨大的冲击和变革。因网络生产方式的制作特性和网络文学运行的超链接的非线性特点，决定了网络文学是一种超文本的结构形式。网络文学具有巨大的包容性，可以融入各种信息。同时网络的互动性，打破了文学写作的森严壁垒，消解了文学生产的神圣性，这恰如欧阳友权所说："互联网带来的信息传播和交流的全球化、高时效性、开放性和低成本性等特征，必然会冲击和削弱这种信息控制和舆论垄断的行为。"[1] 网络文学的互动性模糊了作者与读者间的界限。网络文学的写作者放下了文学的"载道"功能和"代言"中心语体的承担感，以更加自由的姿态进入写作的场域。网络文学在题材上占据绝大多数的恰恰是爱情、武侠、玄幻、历史等。"网络文学的主体是一个充满文化解放欢乐感的主体，它将现代主义的沉重抛诸脑后，让主体进入一个恣意妄为的话语世界。"[2] 读者的阅读以娱乐的

---

[1] 欧阳友权等：《网络文学论纲》，人民文学出版社，2003，第66页。

[2] 欧阳友权等：《网络文学论纲》，人民文学出版社，2003，第242页。

心态，以更加轻松自由的方式介入，寻求阅读的快感。读者的阅读很自然地由传统的文学阅读进入网络空间"冲浪"，网络文学成为阅读新的增长点。

进入 21 世纪后，手机功能的多样化及其与网络的结合，使它成为重要的传播媒介。手机不再只是信息传递的载体，也开始介入文学的生产和消费空间，形成所谓的手机文学。手机文学，是继网络文学之后的一种新型文学样式。它是技术时代的产物，是进入 21 世纪以来人类技术革新与精神需求相互影响的产物。在此我们不想把手机文学限定在狭义的概念范畴，比如短信文学、WAP 文学和彩信（彩 E）文学三大类，而是界定在广义的范畴之内，即通过手机浏览的全部文学著作。与传统的文学作品创作和发行方式相比，手机给手机文学提供的传播平台具有无可比拟的优势。作为一种"新兴的媒体"，手机比电脑互联网普及得更广，比平面媒体互动性更强，比纸质图书更富于便携性，因而手机文学的阅读在文学阅读中发挥着越来越重要的作用。

21 世纪各种新兴媒介的普泛化在影响着人们生活的同时，也影响着读者的阅读选择。因而我们可以说，文学阅读并没有消失，只是用种种不同的介质进行了替代。或许可以说，在这个过程中阅读的受众增多了，阅读成为一项全民参与的活动。因此面对新的媒介的冲击，我们不必惊慌，恰如美国作家辛格所说："倘若我们作家写不出优秀的作品，这会成为现实的。如果人们登上了月球，新闻记者会告诉我们，或者电影会告诉我们那里的情况，这些有趣的故事将会比小说家的作品更引人入胜。不过优秀小说家仍然会有一席之地。托尔斯泰、陀思妥耶夫斯基或是果戈里这样的作家所做的事，是任何机器和新闻报道以及任何电影都无法取代的。"① 传播媒介的每一次变化都会引起文学生产和文学接受的震荡，它的新闻性和丰富性会削弱文学的社会影响力，同时会带来和促进文学的新变化。但文学的活动绝不会消失，或许会在某一刻出现如希利斯·米勒在"文学死了吗"的疑问背后的涅槃。

---

① 俞平：《文学：还有人爱你吗》，《新世纪》1999 年第 7 期。

（三）文学消费群体的低龄化和老龄化两极趋向

在传统的消费理念中，文学消费的群体是以中青年人为主的，特别是作为严肃文学的创作定位，或者说其"隐含读者"的对象即是中青年人。市场经济的深入发展使社会阶层呈现出多样性与细分化，更多的是以个人身份、社会身份、经济地位领域划分阶层。文学的市场化开始诱导文学在生产过程中加强对于文学消费群体的分析，针对不同的社会阶层努力打造类型化小说以适应文学消费的需求，同时也使自己的利益实现最大化。当进入 21 世纪后人们重新审视文学消费群体时会发现它呈现出低龄化和老龄化的两极趋向，这个群体的主要构成成员以青年人、少年儿童和老年人为主。

文学消费群体的低龄化和老龄化趋向是由多种因素导致的。首先，从消费的理念上来看，物质欲望的升腾使中年人把更多的消费目标放在生活的消费品购买上，吃、穿、住、行的生活根本需求成为消费的首选，他们不再注重精神境界的提升。青少年和儿童还没有被物欲所诱惑，购买图书成为丰富自我业余生活的重要选择。而老年人已经走过了物欲的享受期，在悠闲的老年生活中渴望阅读一些图书来弥补曾经的遗憾。其次，从阅读时间的保障性来看，生活的快节奏变相地挤压了中年人的阅读时间，使他们很难有保障性的阅读时间。而广大的青少年、儿童和老年人拥有相对悠闲的生活节奏，大量的业余时间可以保障他们拥有充足的阅读时间。目前，初中生、高中生、大学生是文学阅读的主群体。尤其是进入 21 世纪以来，青春文学占据着畅销书排行榜前列，显示出文学消费的低龄化趋势。并且这种低龄化消费趋势也在影响着文学的生产方向。再次，从消费的价值判断看，现代的图书消费也渐趋奢侈化，图书的价位较高，许多中年人在该如何购买图书的问题上经常处于犹疑的状态，最终会从生活的现实性角度出发选择放弃。而青少年和儿童不会过多考虑图书的价格，只是从喜欢的角度出发，当遇到自己喜欢的图书时会毫不犹豫地选择购买。老年人则对日常生活需求更容易满足，对于消费的价值判断倾向于精神上的满足。这些因素的合力使低龄化和老龄化的群体成为文学消费的主导力量。

文学消费群体的低龄化和老龄化趋向导致文学生产的新变，很多出版社都在努力打造适合青少年和儿童读者的类型化作品，抢占文学消费市场，获取高额的利润回报。如以满足年轻人阅读为主的各种类型小说：校园言情小说主要以学生阶层为阅读对象，如明晓溪的《午后薰衣茶》《泡沫之夏》《会有天使替我爱你》，饶雪漫的《小妖的金色城堡》《校服的裙摆》《左耳》《沙漏》《离歌》等；以书写当代都市年轻一代的情感、婚姻生活的都市言情小说，是都市年轻人主要的精神消费品，代表作如安宁的《风舞》《温暖的弦》《吹不散眉弯》《水北天南》《听流年唱歌》，介末的《裸婚》，六六的《蜗居》，等等；历史小说与推理小说，如周浩晖的《鬼望坡》和《死亡通知书》，当年明月的《明朝那事儿》等；还有奇幻小说、穿越小说、恐怖小说等类型小说。这其中很多图书都曾经占领"销售排行榜"的榜单的重要位置，而许多严肃文学却无人问津或者销量有限。儿童文学作家杨红樱更是在 2010 年以 2500 万的版税收入，荣登"2010 第五届中国作家富豪榜"首富宝座。这些都非常清晰地表明青少年和儿童已然成为文学消费的主力军。而针对老年消费群体，出版社主要以古典文学作品、历史小说、"红色经典"文学作品的再版来占领市场。

（四）文学消费中的功利性色彩加强

在 21 世纪的文化生态语境中，我们同样会发现文学消费中的功利性色彩愈来愈浓重。在文学消费过程中，占主导地位的是消费者的目的性、功利性，而不再是消费者的审美性的价值需求，这同样促使文学市场发生着新的变化。

文学消费中的功利性诉求可以概括为如下几方面：首先，是综合人文素养的提升。这种综合人文素养提升的对象主要是少年儿童，已为人父母的成年人已经淡出文学阅读的场域。但作为教育投资的组成，他们渴望自己的孩子能够成为优秀的人才，因此会为孩子购买大量的文学作品供其阅读，使孩子获得智性与感性的综合发展。其次，是娱乐化的消闲需要。无论人们怎样陷入物欲的困扰，被快节奏的生活阻断文学阅读的展开，但精神的需求总是一部分社会人群无法割舍的渴望，他们依然会选择通过传统的文学阅读来满足自我的精神欲求。但在这种文学消费中，人们选取的阅读对象却规避了传统的严肃文学，呈现出娱乐化的消闲式的"快餐式"文学接受。阅读的对象多为爱情小说、武侠小说、历史小说、玄幻小说、职场小说等，或者是散文作品。这些文学作品更适合在工作之余以娱乐化的心态进行阅读。再次，是显示自我品味的夸饰性消费。现代社会的商品化奢侈品成为人们身份地位的象征，人们的消费不再仅仅是满足生理需要和生活需要，而是通过这一消费过程来体现自己身份、社会地位和文化品位。出版业抓住人们的这种消费心理，提升商品的档次，使商品体现出奢华的审美特征，这一点可以以各种精装书的出版为代表。这些图书并非用来阅读的，而只是作为奢侈品构成自我身份地位的装饰品。

虽然当下的文学消费中审美取向渐渐淡化，功利性色彩的加强成为文学消费市场中占据主旋律的价值取向。但是无论是何种价值取向，只要是正面的推动力量，能够促使文学消费市场的繁荣，都要给予正视。

文化生态语境的诸多新变化引发我们对于文学畅销的重新定位，同时在文学畅销的背后也在提示我们审视文学畅销中出现的新质素，以及这些"新质"给我们带来怎样的深层文学理念的思考。

二、文学畅销书中的"新质"

（一）儿童文学作品的市场份额加大

在 21 世纪的文学消费市场，我们会发现儿童文学作品开始悄然地占领了巨大的份额，它们不再处于文学消费的边缘，而是在各种文学销售场所甚至占据了非常醒目的位置。许多儿童文学作品亦成为文学畅销书，拥有广大的稳定的读者群体。

儿童文学畅销书的具体表现主要有以下几方面：一是儿童文学创作群体的扩容，作家队伍在迅速膨胀，这相对于 20 世纪 80 年代甚至是 90 年代发生了巨大的变化。当下的儿童文学创作群体构成是非常复杂的，从现在活跃在文坛的角度看，可以说有三代作家：第一代是 20 世纪 60 年代成长起来的，现在依然进行创作的有金波、孙幼军；第二代是 20 世纪 80 年代成长起来的，堪称现在中国儿童文学创作主力的作家，其代表人物包括曹文轩、秦文君、张之路、班马、沈石溪、董宏猷、孙云晓、高洪波、彭懿、刘健屏、赵冰波、金曾豪、常新港、周锐、刘海栖、郑渊洁、郑春华等；第三代是在 20 世纪 90 年代开始进入儿童文学创作领域，现在已经成长为儿童文学创作园地的奇葩的作家，这其中包括杨红樱、汤素兰、徐鲁、祁智、保冬妮、玉清、彭学军、薛涛、杨鹏、安武林、张洁、殷健灵、谢倩霓、葛竞、钟代华、罗英等。二是儿童文学作家的地域分布非常广泛。在北京、上海、重庆、江苏、浙江、辽宁、安徽、湖南、湖北等省市都集结着一批数量可观的儿童文学作家。他们来自不同的民族，不同的地域，形成了各自不同的风格，产生了不同程度的影响。三是儿童文学作品种类繁多。童话作品，其中优秀的短篇童话如萧袤的《驿马》、薛涛的《两只相距四点五厘米的蚂蚁》和汤素兰的《红鞋子》等；中长篇童话如金波的《乌丢丢的奇遇》、王一梅的《鼹鼠的月亮河》、冰波的"阿笨猫系列"、葛竞的"魔法学校系列"、汤素兰的"笨狼的故事"系列和周锐的"幽默水浒""幽默三国"等作品等；儿童小说作品，如曹文轩的《红瓦房》《细米》《青铜葵花》《天瓢》《大王书》（第一部：黄琉璃）、《大王书》（第二部：红纱灯）、《我的儿子皮卡》等；杨红樱的《女生日记》《男生日记》《五三班的坏小子》《漂亮老师和坏小子》《假小子戴安》《瞧，这群俏丫头》《瞧，这帮坏小子》、"淘气包马小跳"系列、"笑猫日记"系列、非常系列等；薛涛的《精灵闪现》《废墟居民》《泡泡儿去旅行》《虚狐》《山海经新传说》等。这里我们虽然只是选取了儿童文学作品百花园中的部分代表，但足以看出其繁盛的状况。四是各家出版社努力打造自己的儿童文学创作系列品牌，以适应文学消费市场的需求。比如春风文艺出版社的"小布老虎"系列、湖南少儿出版社打造的"小虎娃儿童文学新人丛书"、海豚出版社推出的"中国儿童文学经典怀旧系列"、中国少年儿童出版社打出的"中国当代儿童文学名家丛书（珍藏美绘版）"、朝花少年儿童出版社推出的"世界经典儿童文学系列"等。

目前，因受日益增长的儿童文学畅销书市场影响，众多出版社积极策划出版儿童文学作品，畅销书市场出现儿童文学生产与销售两旺的暂时繁荣景象。我国有近4亿少年儿童，受潜在的巨大利益驱动，出现很多儿童文学作家和大量儿童文学作品。这就在一定程度上导致质量与数量的严重失衡，具有艺术魅力的精品少，尤其针对广大农村儿童的作品太少。这些问题都是当下儿童文学创作中确实存在的，但我们也应该以一种宽容的态度去对待。这或许是量的积淀过程，必然会引发质的提升。不可忽视的是儿童文学作品的市场份额巨大，儿童阅读域得以扩宽，这对于文学未来发展的潜在影响是无法预知的。

（二）青春文学销售独占鳌头

青春文学在21世纪的文学畅销书可以说独占鳌头，我想这应该是毫无争议的。青春文学创作的园地可以说是异彩纷呈，热闹非凡，经常成为舆论和青年读者关注的焦点。主要青春文学作家包括郭敬明、韩寒、沧月、落落、张悦然、七堇年、鬼鬼、江南、小饭、李傻傻、步非烟、莫小邪、那多、明晓溪、白雪、米米七月等。许多青春文学作家以自己独有的姿态吸引着读者的目光。青春文学作品的畅销本身是各种因素共同合力推动下的文学现象，能够占据文学图书销量榜的首位是对21世纪文化生态语境很好的折射。

首先，青春文学代表性作家的创作姿态与时代因素的交合。"青春文学"的产生来源于作家群体、阅读群体和作品特质。"80后"是青春文学的生产者，他们一般都是在20岁左右开始从事文学创作。如韩寒因在16岁时参加1999年《萌芽》杂志举办的第一届"新概念"作文大赛获得第一名而出名，郭敬明曾分别于2002、2003年获新概念第三届、第四届大赛第一名而引起业界和出版界的重视。青春文学的读者与作者年龄相同，基本是"80后"年轻的一代。青春文学突破了传统文学观念，以人性的呼唤，表达出新思维、真体验，对"个性"的重视和情感中心式写作方式成为文学写作突围的选择。有学者指出，"'激进的个人主义'是当下时代的共谋，'感性、情感、体验等个体主观经验被作为跨越人的分裂式生存的解决方式，个人可以在'审美'之中成为一个完整的主体，从而试图更为干净地撇清其与国家/社会等社会组织形态之间的关系"①。在这种文化语境下，青春文学表现出"个体"和"超功利性"等有代际特质的创作姿态。韩寒堪为青春文学作家的代表，他对"80 后"文学先锋性的贡献是知行合一的。挂课、偏科、写作、获奖、退学、出书的他成了先锋冲击常态的典型例证。他的《三重门》，以及孙睿的《草样年华》、李海洋的《少年查必良伤人事件》、春树的《北京娃娃》和胡坚的《愤青时代》等都是这种创作姿态的表征。青春文学是以叛逆、忧伤、疼痛、孤独等为叙事主题，以真诚但并非纯真的话语体系对社会体系进行无尽的嘲讽和颠覆，彰显出他们这代人的价值理念、人生观和价值观。有论者指出"在写作中他们有了一种'精神弑父的快感'和'捣乱的快乐'"②。叛逆、孤独、忧伤、绝望、疼痛等成为叙述的主题，用自己的创作对成人所构成的世界展开反抗，甚至开始颠覆以往青春文学所建构的纯真话语体系。

青春文学作家小资情趣的写作姿态同样是现代社会因素的体现。娱乐性和休闲性是吸引大众消费的因素。淑女、雅痞和小资是青春文学作品中经常出现的关键词。在衣食无忧的真空里叙写凄美爱情生活，作品主人公自恋而又自怨自艾的感伤，故作一种沉重的轻松来制造和抚慰着痛楚。如朱婧的《猫咪森林》、麻宁的《年华，恍然》等。他们创作的特点是"大多遵从于一个自闭的世界，通俗的故事模式、时尚的小资趣味，再加上甜腻的、酸楚的、潮湿的味道，大多只满足年轻读者群的消费心理"③。由于青春文学创作中所表现出的小资情趣恰好是当下许多年轻人所追求的生活理想，因此青春文

---

① 贺桂梅：《人道主义思潮及其话语变奏》，《人文学的想象力：当代中国思想文化与文学问题》，河南大学出版社，2005，第98页。

② 王林：《大陆低龄写作的文化学意味》，《儿童文学学刊》2002第2期。

③ 徐妍：《满目繁华与遍地危机——2005年青春文学的文化批判》，《文艺报》2006年1月28日。

学作家的创作谋合他们的阅读心理。

其次，青春文学作品的叙述特质与当下阅读需求的暗合。青春文学作品的叙述放逐了家国的情感，彰显的是个性的体验，通俗化的叙事形式，精细化的语言表述，书写着充溢颓废感的物质文化迷恋与沉溺等特质暗合了当下青年人阅读需求的口味。大多数网友对安妮宝贝作品的阅读感受是：在那些零碎、沉静的文字里读到了自己想要的东西，一种边缘的状态，在现实里无法实现的理想的梦。安妮宝贝、明晓溪、郭敬明等青春文学作家作品的叙述特质是他们这代人在同一知识谱系下的叙述与聆听。陶东风认为"80后作品的语言又主要体现在两个方面，一是拥有丰富的想象力，极富感染力，具有强烈的唯美色彩；二是极具辛辣的讽刺性，富有强烈的颠覆味道"[①]。前者的代表性作品有许佳的《我爱阳光》，郭敬明的《爱与痛的边缘》《悲伤逆流成河》，张悦然的《樱桃之远》等。后者的代表性作品则是韩寒的《三重门》《零下一度》，刘嘉俊的《高三史记》，孙睿的《草样年华》，李傻傻的《红X》，陈进的《固都》等。

青春文学作家以体验式的写法，展现他们不羁叛逆的个性、自我感受的成长疼痛、温柔感伤的青涩恋情，尽情宣泄自我的情感，用率真的叛逆性话语表述自我。从某种意义上说，他们成了青少年的代言人。"青春文学之所以受到我们的关注，原因是它知道我们那颗炽热的心如何跳动，知道我们在想什么，它能引导我们怎样去思考。"[②]当我们审视20世纪80年代、90年代的文学市场时发现表现青春期的中学生、大学生成长的文学读物缺失，他们渴望读到关于自己的，尤其关于青春成长的文学读物。青春文学的出现填补了这个阅读需求的真空，使它在短时间内赢得了广泛的青年读者。

再次，文学出版与舆论宣传的全力推动。"新概念作文"的推出来自

---

① 陶东风：《青春文学、玄幻文学与盗墓文学———"80后写作"举要》，《中国政法大学学报》2008年第5期。

② 曾详书：《"80后"写作：代际沟通热烈展开》，《文艺报》2005年8月9日。

一本文学杂志解决"惨淡经营"的经济困境的努力。^①市场经济已经渗透文学生产与消费的各个环节，于是青春文学被推向文学畅销书出版市场并开始扮演主角。这明显说明出版商利用青春文学的市场号召力而获取商业利益的商业策划活动是成功的，体现出"知识权威"和"资本"的结合产生的突出成效。很快，商业化色彩更为强烈的出版机构，如春风文艺出版社、时代文艺出版社、长江文艺出版社等参与其中，打造自己的文学品牌。21 世纪以来青春文学在出版市场持续畅销，可以看出其畅销"新质"的强大市场号召力，在利用现代传媒对青春文学进行商业的包装、策划、经营，从签名售书、市场造势、赠送礼品到个人宣传、网络炒作等精心打造下，青春偶像诞生了，文学"明星"登场了；在出版商的精心制作后，包装精巧、装帧精美、封面华丽的青春文学作品充满诱惑性地投入了市场。有人说"青春文学是商业利润支配下的文学泡沫，泡沫飞翔过后，一切又回归文学本身的寂静"^②。但这种结局至少现在我们还没能看到，青春文学依然在销售书单中"飞翔"。郭敬明主编的青春文学月刊《最小说》于 2008 年已经超过《收获》《萌芽》《读者》等传统文学畅销杂志，荣登销售榜首。他的"小时代"系列依然是许多青年读者追捧的对象。

（三）影视媒介与印刷出版的合谋

影视媒介在当下的社会语境中成为传播的主体媒介。这是一个"读图时代"，人们由对文字的阅读开始转向于轻松惬意的"读图"。丹尼尔·杰·切特罗姆认为"电影的诞生标志着一个关键的文化转折"^③。21 世纪以来，随着技术时代的到来，电子媒介与网络媒介合力把我们的生活推进了海德格尔

---

① 尚飞：《从"新概念作文"到"萌芽书系"——〈萌芽〉杂志主编赵长天访谈》，《编辑学刊》2005 年第 3 期。

② 徐妍：《满目繁华与遍地危机——2005 年青春文学的文化批判》，《文艺报》2006 年 1 月 28 日。

③ 丹尼尔·杰·切特罗姆：《传播媒介与美国人的思想——从莫尔斯到麦克卢汉》，曹静生、黄艾禾译，中国广电出版社，1991，第 64 页。

所说的"世界图像时代"。印刷媒介似乎在这种背景下日趋走向边缘。但当我们重新审视 21 世纪各种媒介之间错综复杂的关系时，并没有看到许多理论家所担忧的在图像时代，影视媒介终结纸质文学。恰恰相反，影视媒介与印刷出版进行着合谋，达成了双赢的局面。

文学与电影命运的论争持续不断。尽管丹尼尔·贝尔早已宣称"我相信，当代文化正在变成一种视觉文化，而不是一种印刷文化，这是千真万确的事实"[①]。然而，是否在这种"世界图像时代"就真的不需要印刷媒介了？论者们就图像与文字、电影与文学关系和命运各执一词。持文学终结论的朱国华在其《电影：文学的终结？》一文中就断言，"电影……进入传统上为文学独占的表征领域的时候，它就带来了一场意义深远的艺术革命。……它使文学走向边缘。……文学家能够选择的策略是或者俯首称臣，沦为电影文学的文学师，或者以电影的叙事逻辑为模仿对象，企图接受电影的招安，或者以种种语言或叙事试验突出重围，却不幸跌入无人喝彩的寂寞沙场。因此……文学的黄昏已到来"[②]。持反对意见的吴子林则针锋相对地指出："尽管现代电子媒介以极高的科技含量创造出了种种文化奇迹，但是，与电子媒介所制作的音响、图像、色彩、造型、动感、质感相比，语言媒介仍然是富于魅力的。文学与影视，文字与图像将会永远并存……世上只要有读者，只要人们的感情生活不至于枯竭，文学就不会寂寞，更不会走向所谓的'终结'。"[③]邹红比较折中地认为"当下文学与电影已进入到以'互映、互动、共生、共读'为特征的'共存共生'时代"[④]。目前的发展趋势是影视媒介与印刷出版合谋获得共赢。

在传统文学阅读过程中，读者受限于艺术素养、文学知识、理解能力

①丹尼尔·贝尔：《资本主义文化矛盾》，赵一凡、蒲隆、任晓晋译，上海三联书店，1989，第156页。

②朱国华：《电影：文学的终结者？》，《文学评论》2003年第2期。

③吴子林：《图像时代的文学命运》，《浙江社会科学》2005年第6期。

④邹红：《影视文学教程》，中国人民大学出版社，2004，第34页。

等先在条件，而在影视的声像世界里则得到豁免，"观众不再需要凝心静想，不再需要先期的知识投资以期回收具有某种稀缺性的精神利润的回报"①。影视传播媒介用其立体声像消除了传统阅读模式受限符号识别与解码过程，不倚重文字符号解读能力和艺术领悟能力。人类"在电影欣赏过程中，又回（倒退）到了人对语言最初的直观感知阶段，即直接通过图像与物体的形似关系，来理解符号意义的阶段"②，也就是重回人类用记忆图画传递信息的图像化时代。池田大作在与汤因比的对话中谈道："我很担心不断传来的信息会使人们懒得再进行深刻的思索和考察，而陷入一时的冲动。而且我还担心，人们为了要顺应时代急速发展的潮流，还会陷入被动的生活方式，而越来越忽视对创造精神的培养。"③但在我们分析现在的阅读现象时发现，人们对于文字符码构建的美轮美奂，心游万仞充满想象的艺术世界依然是心向往之的。

21 世纪商业化气息浓郁的社会语境中，面对着影视作品所获得的巨大利润和社会影响力，面对着生存窘境和商业利益，面对着艺术良知和利益诱惑，专业作家们在艰难地进行选择。茂莱在研究了近 20 个西方现当代作家后曾感叹："一位小说家一旦成名，他能从电影买卖中获得的钱简直是无限的……我们很难举出哪一个稍有才能的作家没有向电影节卖过作品或写过电影剧本。"④托马斯亦曾爱恨交加地坦言："我难道会出卖我的艺术良知，把我写的东西卖给好莱坞，让好莱坞拍成一部影片？我的回答总是热情洋溢的'是的'。如果好莱坞要买我的书拍电影，以此来诱奸我，我就不仅心甘情愿，而且热情希望诱奸者快快提出他们那头一个怯生生的要求。"1993 年，

---

① 朱国华：《电影：文学的终结者？》，《文学评论》2003年第2期。

② 贾磊磊：《影像的传播》，广西师范大学出版社，2005，第34页。

③ A.J.汤因比、池田大作：《展望二十一世纪——汤因比与池田大作对话录》，荀春生等译，国际文化出版公司，1985，第166页。

④ 爱德华·茂莱：《电影化的想象——作家和电影》，邵牧君译，中国电影出版社，1989，第215页。

张艺谋以"命题作文"的方式"订购"五部同一题材的长篇小说。格非、赵玫、苏童、须兰等创作的五部关于《武则天》的长篇小说竞相问世，成为中国20世纪90年代的文化奇观。我们无权批评作家在这种商业背景下创作倾向的对与错，因为生存是第一要义，只有生存下去才能发展。在影视媒介对文学征服的表象背后让我们看到的是文学借助新的传播媒介获取了艺术表现的全新生命通道，也成为电影成功的重要元素。恰如著名编剧王兴东所说，"缺少好剧本，是全世界电影业共同的危机。……自主创新的文学形象是竞争（指电影竞争，笔者注）的核心内容，如同对工业能源石油的竞争一样严峻。没有核心能源，就没有发展的动力"①。所以，"求电影的发展必须把文学家、剧作家请到内容为王的核心工作室里，开发能够在市场中做活做大做强的文学形象"②。通过对文学名著的改编介入电影的制作，使文学作品所蕴含的价值内核以艺术表演方式获得提升，电影艺术与文学艺术的相互借鉴，有机融合，这是90年代以来文化转型时期文学发展与实践所呈现的具有时代性的文学样态。

至于文学畅销书，更是借电影之东风，愈加在文化市场左右逢源。在21世纪这种现象更加明显。"影视同期书""影视后期书"是出版社与影视互动推介畅销书的典型运作模式。通过这一商业化的成功运作使文学借电影成为文化传播的热点，21世纪的影视与文学结合的丰硕成果已然是明证。在文学畅销书中，六六的《蜗居》《双面胶》《王贵与安娜》，唐欣恬的《裸婚——80后的新结婚时代》，刘震云的《手机》，都梁的《亮剑》，杨金远的《集结号》，兰晓龙的《士兵突击》，赵冬苓、长缨合著的《中国地》，高满堂、孙建业的《闯关东》，何彦平的《北京爱情故事》，黄霁的《夫妻那些事儿》，流潋紫《皇宫·甄嬛传》，严歌苓的《小姨多鹤》，鲍鲸鲸的《失恋33天》，张翎的《唐山大地震》，麦家的《风声》，冯小刚的《非诚勿扰》，赵本夫

---

① 王兴东：《市场经济条件下的中国文学和电影》，《电影艺术》2006年第3期。
② 王兴东：《市场经济条件下的中国文学和电影》，《电影艺术》2006年第3期。

的《天下无贼》，魏晓霞的《婚姻保卫战》，李可的《杜拉拉升职记》等作品获得的成功让我们看到了两种媒介合作产生的绝佳效果。我们必须承认，昔日纸质文学传播风光无限的荣耀已经不在，在图像时代影视媒介已占据先天的传播优势。但这并非意味着文学的终结，它将作为一种非中心的传播形式而长存，并且通过与影视媒介的联盟，实现艺术与精神价值的激活与提升，再次激起人们对文学传播的激情和信心。但是也如尹鸿所说的"显然，如何面对这样一个时代，已经成为现实向我们——我们的文明，文明的历史，我们的未来和我们的存在——所提出的一种挑战，无可避免，也不能逃避"[①]。

（四）网络文学由"点击率"到畅销书

数字化时代的来临使数字出版和数字阅读广受关注，网络写作日益成为一种重要的出版现象。据中国互联网络信息中心统计，截至 2011 年 6 月 30 日，我国拥有庞大的网民和为数众多的文学网民和网络作家。在网络上以不同形式发表作品的人数达 2000 万人，约占文学网民人数（2.27 亿）的十分之一，约占总网民人数（4.85 亿）的二十分之一。注册网络写手、职业或半职业写作人群的数量分别达到 200 万人和 3 万人。随着网络对现实生活和文学生产与传播的影响力迅速飙升，传统文学作家也开始利用网络传播范围广、传播速度快的优势，将自己的作品通过互联网发表，并有增加的趋势；作为国家最高最权威文学奖项的茅盾文学奖、鲁迅文学奖亦先后将网络优秀的作家作品纳入参评范围。出版业呈现纸质出版与网络文学相融合的现象，如编辑策划在网络文学中筛选出优秀的作品，出版运营成为纸质"文学畅销书"。郭敬明的《幻城》就是辽宁春风文艺出版社"布老虎丛书"策划编辑们先在网络上发现的中篇小说，后经与作者协商改写为长篇出版，成为超级畅销书。有的网络文学还被改编成为影视剧和游戏等。结合"畅销书"的出版状况，我们发现在网络空间"点击率"高的网络文学作品最终大都转化为纸质作品在图书发行市场里获得了很好的销售业绩。

---

①尹鸿：《镜像阅读——九十年代影视文化随想》，海天出版社，1998。

在出版业，引发网络文学第一次出版热潮的是 1999 年知识出版社推出蔡志恒（痞子蔡）的《第一次亲密接触》。这个在网络上"点击率"极高的作品通过纸介质被介绍给无数迷恋网络文学的少男少女，立刻引起轰动。之后该社不但蔡智恒的其他网络文学作品如《夜玫瑰》《雨衣》《槲寄生》《亦恕与珂雪》等均被出版了，而且该社还开辟"E 时代丛书"品牌，收罗网络小说如《爱尔兰咖啡》《蝴蝶准备去死》《爱是生命的舞蹈》《寂寞杀死一头恐龙》等。网络写手微酸美人、杉娃、王兰芬等人加盟该社，网络文学出版成为新的图书销售增长点。较早全面关注网络文学的是二十一世纪出版社。他们对在起点中文网、红袖添香、17K 小说网发表的网络小说进行选择，近年来先后出版了《食霸天下》《一代军师》《幽灵船》等网络小说。这些小说的出版使他们获得了很大的利润回报。此后百花洲文艺出版社、珠海出版社、花山出版社、内蒙古文艺出版社等诸多出版机构都盯上了网络文学这块"蛋糕"。到 2007、2008 年，出版的网络小说经常占据畅销书排行榜：萧鼎的《诛仙》销售近 200 万册。2008 年最受关注的小说《藏地密码 1》上市不到一周，首印 20 万册即被一抢而空。与此同时，非文学的网络原创作品，成绩亦是斐然。如当年明月的《明朝那些事儿》这本最初在网上火起来的作品，至今仍是各大畅销书榜的座上客。

网络媒介与印刷出版的联合达到了超出预期的效果。一方面，出版社不必为作品的销量担心，因为这些作品都已经在网络空间里得到过检验。极高的"点击率"和网络上的热评可以作为确证，同时打下了良好的群众阅读基础，这也为出版社的出版发行节省了舆论宣传的成本。另一方面，网络文学转化为纸质媒介在图书市场畅销使网络写手由幕后走向台前，获得丰厚的回报，从而名利双收，也刺激了网络文学创作的热情，催生了数量众多的网络文学作者和作品。有人形容"网络文学作者要比读者还多"。出版社慧眼识珠，从中发现优秀的文学作品给予出版。网络文学的出版使出版社、网络写手、网站实现了三方共赢。

当时代进入 21 世纪后，文学作品的出版发行在新的社会文化语境下，在诸多新兴媒介对于传播空间的争夺中，采取多种战略战术实现突围，坚守文学畅销的阵地，制造文学阅读新的增长点，我们欣喜地看到文学作品依旧在读者的视线里，读者依然被清新的墨香所吸引。

第四章　文学畅销书的经典化抑或历史化

内容是图书的第一要素，外在包装再精良的图书如果没有值得玩味的内容就好比美丽的书椟，终无法成为璀璨的宝珠为人所欣赏和珍惜。除去对于书商和出版者的实利价值之外，文学畅销书的文学价值应该成为其畅销的恒久性因素。文学与畅销本身，并不矛盾，畅销的也可能是文学的，甚至是文学性强的，不仅可以流行于当下，还可能流传百世，福泽千古。因此，走出当下，回望历史，展望未来，在整个文学的流变中去关注文学畅销书的时候，或许可以获得不一样的感受，经典化抑或历史化由此与畅销发生如此有意味的勾连。

第一节　文学发展史与文学畅销书生产实践的对接

纵观中国文学的发展史，畅销书似乎只有在近现代以来才进入中国人的视野。但是，与畅销书相关的另外一个概念，中国人并不陌生，那就是雅与俗之分。从古至今，雅俗之争虽是从文学质的层面进行。但是，相较之下，似乎又不能排除读者量的分野，雅俗的背后是雅人与俗人之分，是上层人和下层人的区分。在严格的等级制度之中，即便产生于民间的《诗经》之《国风》在后世的传播中，却也成为上层人的雅事，与下层人没有什么关系。俗向雅的转化，是在下层人的习文读书权力被剥夺之后开始的，文化和知识的垄断就像财富的垄断一样。在中国古代，俗文学只在民间，一旦进入庙堂，就变成了雅化者，变成与俗人隔离的东西。这也就是新文化运动之所以展开的大背景，白话文运动和文学革命之所以联系如此之紧密，其道理就在于此。白

111

话文意味着让文章走出被少数雅人垄断的境地，给普通人留下文学的空间，就等于留下了做人和表达的尊严，文学革命是使文学由少数人面向多数人的革命，一旦带有数量上的含义，畅销显然应该是新文学的追求之一。于是，文学类畅销书就这样走进了文学史，进而走上经典化之路。

一、从雅与俗的对立到大众化融合：20 世纪中国文学类畅销书生产的前期实践

虽然古有"洛阳纸贵"之说，但真正畅销书的出现，并不是在中国发明造纸术和印刷术的古代，因为原初的技术无法用于大规模的生产。直到近代前期，书籍制作仍旧采用手工雕版印刷或木刻活字，用软纸，线装。大概在 19 世纪初叶，古登堡的金属活字机械印刷术传入中国，不仅使机器铅印取代手工印刷，还促进了造纸材料的变革，产生了"洋纸"，取代中国软纸后便实行双面印刷，实行图书平装和精装，在技术上满足了畅销书的制作需要。但是这种现代出版印刷技术最初并没有广泛应用在文学图书的出版，而是应用在随着新式学堂出现而兴旺起来的教科书出版。当时商务印书馆与中华书局就教科书的出版还曾进行了十余年的竞争。在维新运动的推动下，文学类译书较早开始风行，如林纾的《茶花女遗事》等编译作品在当时流行较广。规模化复印技术经过了检验，日趋成熟，使图书出版成本也随之降低，出现了"流水线上的书籍"，为文学畅销书的出现创造了技术条件；与此同时，新式学堂和新式教育的出现，改变了传统科举制下的知识分配格局，使知识向下流动，整个国民识字率有所提高，这又为文学畅销书准备了最初的受众群；而清末由上而下的洋务运动进一步推动了中国的市场经济的发展，出版商和书商都已出现；从 1898 年 7 月 26 日，光绪皇帝发布上谕，准许官民办报，解除报禁到 1908 年 3 月《大清报律》这部新闻法的出现，推动了现代传媒的产生，为文学的畅销准备了载体；而政治上封建统治经过变法等运动的冲击，渐渐失去了对于意识形态的强力控制，1906 年的《大清印刷物专律》中规定的是执行出版批准制，但对于出版物并未实行事前检查，

只要求出版人对所有出版物要有详细记录，以备检查等，可见当时出版环境是相当宽松的。可以说，清末民初，中国的出版业获得了难得的出版自由，这些都为畅销书的出版创造了条件。

最早畅销开来的是在普通市民中有着广泛基础的通俗文学。这种现象实际上不难理解，世界早有先例，像18世纪德国"百万大众文学"，通俗易懂，贴近普通市民，而且价格低廉，是典型的通俗文学。中国当时尤其以"鸳鸯蝴蝶派"的作品最为引人注目。该派代表人物徐枕亚作品的生产与销售就是典型的畅销书的运作模式。虽然，这一切在当时都带有鲜明的自发色彩，与今天的有组织有目的的畅销书完整的策划、生产和传播的生产机制并不相同，但正因为其自发的色彩，才使我们可以更为清晰地发现早期文学类畅销书的基本面貌。1912年徐枕亚的《玉梨魂》在《民权报》连载之初就引起了热烈反响，特别是青年女性，对之格外热衷，人人争相传阅。看到如此传播盛况，该报出版社于1913年将书印成单行本，并数次再版，发行数量达几十万册，不仅在内地广泛流传，就是在香港也有翻版。不仅如此，还引来一批模仿之作，使类似小说渐成规模，被命名为"鸳鸯蝴蝶派"。《玉梨魂》自身不仅多次再版，由于销售火爆，还引发了类似今天的盗版现象，时人称"魂飞天外（销路广），魄力万方（各地均有翻版）"。该书在畅销多年后还由上海民兴社编演为话剧，被明星电影公司搬上银幕。在此热度之下，徐枕亚抓住机会，将《玉梨魂》改写成日记体小说《雪鸿泪史》，在《小说丛报》连载达18期。由于要赶工期，凑字数，还出现了对他人诗词作品的照搬现象，后来该书单行本出版时就被人发现并被检举。虽然在重作时，删除了这些抄袭之处，但依旧留下了无法磨灭的污点。因此，该书引发的讨论就相对复杂，有人力挺，有人批评，甚为热闹。曾有十人为此书作序，也可见该书的影响力。这一典型的畅销书传播事件历时颇久，长达十余年。从上面对该事件的简单描述中，我们会发现，该书具备了现代畅销书的基本要素：发行量大，屡次再版，其间出现仿本和伪本，并引发争议，使该书的价值从得到多方热烈回应，再到最后走上银幕，整个过程中，商业化的力量随处可见。但其风行的根本动力，恐怕还在于故事本身所包含的畅销元素，在当时的时代，它的出现较早地反映了人们对冲破旧婚姻，追求婚恋自由的渴望。虽然在表达方式上，它依旧带有中国传统话本和小说的色彩，以及旧式文人的笔法。但是，在精神上已体现出了一定的现代因子。

以徐枕亚、周瘦娟等人为代表的"鸳鸯蝴蝶派"的通俗小说，很快受到了来自新文学的挑战。颇为有趣的是，新文学的发端者最初并没有把通俗文学当作靶子，他们开火的方向是传统的古典文学，特别是古典诗文，但小说不在其列，诗文是中国古代文学的正宗，而小说则不可登大雅之堂。中国的传统说法中常说的"三教九流"几乎涵盖所有社会身份，可小说家却不在列，因为"小说家"多为以说故事为生的人，所言也不过是街谈巷语和道听途说，是表述平民生活的，使人可以由其观四方风俗，但也因其小道而不为世人所重。直到1902年梁启超等人创办《新小说》发表《论小说与群治之关系》提出改良群治和新民都要从"小说界革命"开始，才把小说提到与国家改良、革除旧制、更新国民精神的高度，但依旧使人摆脱不了小说的"下等"身份的因袭观念。鲁迅在30年代回忆当初创作小说的起因时曾说"在中国，不算文学，做小说的也决不能称为文学家"①，可见，小说地位之低。因此，新文学的提倡者没有把"通俗小说"作为革命目标。从某种程度上来讲，是因为通俗小说无法代表中国传统思想和文化，也不是传统文学的主流。在新文学家的眼里，通俗小说，是不值得与之争斗的。也许有人会指出，在中国新文学中，小说是重要组成部分，可见新文学的实践者们，对于小说是重视的，这似乎又是一个矛盾。但是，须知，这些小说与中国传统通俗小说有着质的区别，那就是，这些小说观念大抵来源于西方，像鲁迅自言所仰仗的就是百来篇外国小说和一点医学上的知识，这是直接从西方小说实践中获得写作经验的典型案例。而像茅盾等文学理论家兼小说家，他们的创作自然也会受益于西式小说理论。直到今天，中国文艺学研究者所用到的文学概念，同

①鲁迅：《我怎么做起小说来》，《鲁迅全集》，人民文学出版社，2005，第525页。

样来源于西方，小说理论在中国古典文艺理论中几乎是空白。因此新小说是现代意义上的小说，也是西化小说，它强调的是人物性格和心理这些西方现代小说的核心要素，而非中国传统小说的故事性。

陈独秀在《文学革命论》里所提的文学革命主张早已为人们所熟悉，其建设是以"推倒"为前提，这种不破不立的思路一直影响到今天。研究这种破立的二元分裂给中国人带来的一系列严重的后果是一个更为沉重的话题，在此且不加以讨论。从当时新文学的发生状况上来看，我们会发现，他们意欲推倒的有"雕琢的阿谀的贵族文学""陈腐的铺张的古典文学"和"迂晦的艰涩的山林文学"，这些过去的主导性文学样式，实际上都代表着古代的上层的雅人文学，分属于不同类别和身份的上层人物而已，与普通老百姓是绝无关系的；而新文学想要建立的"平易的抒情的国民文学""新鲜的立诚的写实文学"和"明晰的通俗的社会文学"，里面固然包含了对于文学贴近社会现实的提倡，还有重要的一隅是文学的服务对象得到明确，那就是"国民"。后面两个限制，可以说，都是为前者服务的。"国民"与"贵族"相对，其偏向底层的色彩已然鲜明。也就是说，中国新文学产生之初，就是向下的文学，而下面，则是芸芸众生。于是，在中国新文学语境中，平民和底层获得了生存的合法性。文学家们也以平民和俗人自居，如周作人写《平民的文学》站的当然是平民的立场，而鲁迅写《论俗人应避雅人》自然也从俗人的角度来说事儿。在新文学这里，从根基上说，是为俗人的——这个俗人当然不是庸俗之辈，而是普天之下的芸芸众生，是那些底层的无权无势的普通群众。虽然，五四文学革命的倡导者们当时并未展开关于文学大众化的讨论，但是，大众化，是其努力的方向，这是新文学的使命，虽然其最初并没有用大众化这个词。

但是，新文学的倡导者们在大张旗鼓的革命中，发现一个大问题，那就是"寂寞"。鲁迅这样描述"寂寞"，"后来想，凡有一人的主张，得了赞和，是促其前进的，得了反对，是促其奋斗的，独有叫喊于生人中，而生人并无反应，既非赞同，也无反对，如置身毫无边际的荒原，无可措手的了，这是怎样的悲哀呵,我于是以我所感到者为寂寞"。鲁迅说自己写小说的始因是"但或者也还未能忘怀于当日自己的寂寞的悲哀罢,所以有时候仍不免呐喊几声,聊以慰藉那在寂寞里奔驰的猛士,使他不惮于前驱"[①]。最初钱玄同找他写《狂人日记》以及其他小说,目的就在于使新文学热闹起来。而此前,《新青年》的创办者们也曾为了解除寂寞上演了"双簧信",即由钱玄同化名王敬轩给《新青年》写信,模仿旧文人的口吻,将反对新文学与白话文的观点和言论加以汇集,由刘半农写复信,逐一加以辩驳,以期使新文学引起时人注意。由此可见,新文学在最初可谓应者寥寥。对于新文学的主张者来说,实际上他们遇到了一个和最初革命目标极为矛盾的问题,那就是他们的实践与所服务的对象之间存在着相当大的距离。他们是时代的先知先觉者,是在中西文化陶冶之下产生的文化精英,并不是与底层密切联系的普通群众,他们肩负"启蒙"使命。然而,这些被"启蒙"者,却处于社会的最底层,如此情形之下,那些启蒙式的高歌,由于全新的腔调、新的精神品质,实难被最底层的农民哪怕是普通市民所接受,新文学革命的声音飘荡在空中,难以找到落点。

相较之下的另一侧,通俗小说的市场却依然热闹,这使新文学的提倡者和组织者们不得不对其加以注意。于是通俗小说在不知不觉中进入了与新文学竞争市场的行列。通俗文学由于其天生就与民间密切相关,因此,其创作者并不是严格意义上的上层人,而大多是当时很多找不到出路和没落的文人,他们或许还有着"孔乙己"式的旧知识分子心态,但实际地位已不允许他们再穿着"读书人"的长衫来站着喝酒了。大多数人在寻找生路的过程中拿起了笔,把他们的梦想与痴念都编在文辞优美、曲折婉转的故事中。而这些小说的读者,也是广大的小市民阶层,其娱乐性、虚幻性、情感性等特征也恰恰适应了当时这些社会底层人消闲娱乐的需要。民间的小感伤、才子佳人的故事和梦幻对他们那种普通得不能再普通的生活,是安慰,是调剂,也

---

①鲁迅:《呐喊·自序》,《鲁迅全集》,人民文学出版社,2005,第439页。

使辛苦劳作的人们得到了短暂的休息。普通人对通俗小说的接受，还有一个重要的原因，就是其与中国民间和传统的相接而不是相隔。后来张恨水言及自身创作通俗文学的初衷时说："新派小说，虽一切前进，而文法上的组织，非习惯读中国书，说中国话的普通民众所能接受。正如雅颂之诗，高则高矣，美则美矣，而匹夫匹妇对之莫名其妙。我们没有理由遗弃这一班人，也无法把西洋文法组织的文字，硬灌入这一班人的脑袋，窃不自量，我愿为这班人工作。"① 他确实是指出了新文学不能广泛被社会接受的重要原因，那就是对于西方文法的模仿甚至生硬照搬，即便用我们今天的眼光来回看当时的新文学，还依然能够感觉到那种语言表达的别扭和生疏。

虽然，我们并不排除一些新文学作品，如《狂人日记》《阿Q正传》《骆驼祥子》《雷雨》《日出》《家》等在当时文坛引起的轰动，其销量以当时的社会条件来看也不算小。以巴金的"激流三部曲"之首的《家》为例，作品从1931年4月18日起到1932年5月22日止，断断续续在上海《时报》连载一年多，连载期间引发了受众的消费与接受的热潮，该书以激情和与旧社会决绝的精神鼓舞着许多人走出旧家庭的藩篱。由于作品受到热烈欢迎，因此1933年5月出版了单行本，并把该作改题为《家》，直至1940年出齐三部曲，引起的反响是令人振奋和鼓舞的，"《家》《春》《秋》，这三部作品，现在真是家传户诵，男女老幼，谁人不知，哪个不晓，改编成话剧，天天卖满座，改摄成电影，连映七八十天，甚至连专演京剧的舞台，现在都上演起《家》来，借以多多号召观众了"②。与今天畅销书相类，《家》也经历了从文字到舞台又到银幕的历程。这一历程实际上也是一个与大众的距离不断缩小的过程，使其接受范围，由小知识分子扩展到普通市民。但类似的情景毕竟没有成为新文学的常态，许多新文学作品销售的范围毕竟有限，主要读者群多限于青年学生和知识分子，与普通大众依然存在着距离。正如

---

① 张恨水：《总答谢》，《新民报》1944年5月20日。
② 王易庵：《巴金的〈家·春·秋〉及其他》，《杂志》1942年第9卷第6期，第9—10页。

后来赵树理所言："新文艺还是停留在少数知识分子中间，而广大农民呢，和新文艺一点儿不发生关系，还被制造愚昧的封建迷信、武侠淫荡等等读物笼罩着。"①

　　这种与传播对象隔离的现象日益困扰着新文学的提出者和实践者们。进入 30 年代后，随着中国社会问题的突出，中国政治力量的分化，无论在政治方向还是在文艺方向上，为群众和依靠群众都成为一个时代问题。在政治一隅，延安成为一个积蓄底层力量的红色中心。而在文学方面，"五四"文学革命以来，从"国民文学""平民文学"口号的提出，到 20 世纪 20 年代初的"民众文学""方言文学"的讨论，以及创造社等自命为无产阶级的文学家们对到"兵间""民间""工厂间"去的倡导，都是最初新文学的倡导者们"向下"的积极努力。这种努力在 20 世纪 30 年代演变成一场文学界关于文艺大众化问题的长期讨论。鲁迅在《论"旧形式的采用'》一文中宣告："以为艺术是艺术家的'灵感'爆发，像鼻子发痒的人，只要打出喷嚏来就浑身舒服，一了百了的时候已经过去了，现在想到，而且关心了大众。"②因而文学开始在形式上追求通俗易懂。关于大众文学的讨论以左翼文学为代表。从 1930 年春中国左翼作家联盟成立到 1934 年夏，连续进行了三次正式讨论。第一次讨论的内容主要集中在左翼作家主编的一些文艺期刊上，如《大众文艺》《拓荒者》《艺术》《沙仑》等，参加者大都是左联成员以及倾向左翼的作家。这次讨论既是对前期革命文学实践的反省和总结，也是对新的大众文学出路的探寻。那就是要求作家为大众设想，创作浅显易懂，使普通大众乐于接近的文学作品。第二次讨论发生在 1931 年冬，这次讨论的组织化色彩更加明确，"左联"做出《中国无产阶级革命文学的新任务》的决议。该决议把"大众化"当作建设革命文学的首要任务。为推动文学大众化运动，左联在《北斗》《文艺新闻》发起征文，参加者除瞿秋白、鲁迅、

---

① 王春：《赵树理是怎样成为作家的》，《作家谈创作经验》曲士培编，新北京出版社1951年版，第346页。

② 鲁迅：《鲁迅全集》第六卷，人民文学出版社，2005，第23页。

周扬等左翼领导者之外，还有进步的文化工作者陈望道、郑振铎等人。本次讨论更加具体深入，从作品的形式到内容都进行了具体的探讨。第三次讨论发生在 1934 年春夏之交，回到探讨旧形式的继承问题上。但中间由于社会上出现学文言和读经的声音，于是关于大众语的使用、传统的继承与发展进入这些新文学作家和理论家的视野。此次讨论的参加者除左联成员进步作家外，还有陶行知、陈子展、胡愈之、曹聚仁等教育工作者、语言文字工作者和传媒人士等，从而进一步扩大了大众化讨论的影响。此时，这些讨论文章的发表，也不限于左翼期刊，而是大多发表在当时居于传媒主导地位的《申报》上，以及颇有社会影响的《中华日报》《大晚报》上，从而引起普遍关注。

　　从文学实践上看，虽然一些新文学家们努力从文坛走向民间，"左联"还曾设立文艺大众化研究会，发起工农通信员运动，提出培养工农作家等任务。左翼作家在创作实践中也做了一些尝试，如《大众文艺》上刊载了一些"大众文艺小品"，一些知名作家也参与到大众化的创作中来，如写歌谣、改写民间故事等，还有人提出方言小说，等等。其中最著名的就是蒲风等人创办的中国诗歌会，力图用"俗言俚语"写作出"大众歌调"。虽然在创作上有一定成就，但是，从市场上来看，仍旧无法与通俗文学相抗衡。

　　实际上，左翼只是中国新文学分化出去的一支，在 30 年代中国新文学不但站稳脚跟。而且，在文坛声势上，已远远超过了传统通俗文学。但是，如果从是否畅销的角度上看，传统通俗文学的市场依然广阔。钱理群等在其新版《现代文学三十年》中尽力对当时文学图书的销量做了量化考证与研究，即便发现"现在我们很难提供出准确的统计资料，来揭示 30 年代新的高雅小说、先锋小说和旧通俗小说，在出版种类、发行总数方面，双方比重的真面目"，但还是勉为其难地引进了这样的数据："据现有的几种工具书所登录的小说情况大致测算，大概是三比一或二比一的样子〔注：根据《民国总书目》（文学理论、世界文学、中国文学）（书目文献出版社 1992 年版）、《中国现代文学总书目》（福建出版社 1993 年版）、《中国现代文学词典》（小说卷）（广西人民出版社 1989 年版）这三种工具书，从 1927 到 1937 年把新文学体小说和章回体、笔记体小说的数量，做抽样调查，结果为三比一或二比一〕。按这样的比例，说旧体和鸳蝴作品已偃旗息鼓就是想当然了。不过这些数字肯定误差仍大，因以往对通俗文学存在偏见，一般公共图书馆馆藏的通俗文学图书缺漏较多。如《中国现代文学总书目》1930 年所登录的通俗小说（包括武侠小说）总共才 40 余种……可见通俗文学的涵盖面是相当大的。而新文学这时也开始认识到自己远没有掌握大众读者。"[①]从销量上来看，实际上，就是一个畅销与否的概念，也就是进入我们今天所说的畅销书的研究范畴。而从这些有限的数据上看，新文学市场并没有超过通俗文学市场。

真正以全新形式胜出的是沪上的海派。海派从上海的十里洋场嗅到现代的商业消费气息。从张资平式的"三角多角恋爱"小说到以穆时英、刘呐鸥等为代表的新感觉派对日本文学的模仿，再到张爱玲的沪港市民传奇。在为市场写作的目的地推动下，这些人接续了前期中国通俗小说的故事性、市民化、外引现代派的手法，将情感纠葛与个性心理，恋爱的悲欢与肉体表现融为一体。其对于文学史的贡献在于，使中国通俗小说终于走出了旧章法，走进现代。而且，在艺术手段的使用上，成为时代的先锋。但在气质和精神上，的确如时人批评的那样，带有颓废、虚幻与提倡及时行乐的色彩。

在各路新文学的刺激下，通俗文学走向了自身的现代化。张恨水的出现是标志。张氏创造了现代章回体通俗小说，不但追求形式上的通俗化，而且在内容上摆脱海派的肉欲色彩，发扬中国传统文学重故事的传统，在文学体现娱乐功能之上，追求文学本身的价值。最值得研究的是他的《啼笑姻缘》的畅销，下面就来看看。

《啼笑姻缘》是应上海《新闻报》副刊《快活林》主编严独鹤之约而于该刊连载的。该小说在连载之后迅速受到上海市民的欢迎，该小说故事成为人们见面时的谈资，人们纷纷预测下一步结局。而一些平时不看报的人，

---

① 钱理群等：《中国现代文学三十年》，北京大学出版社，1998，第376—377页。

也因为对此小说的好奇，而订起报来，使得该报刊载的广告量因之大增，广告主还要求把广告的位置安排得尽量靠近小说以吸引眼球。见此小说的畅销势头，严独鹤与人专门成立"三友书社"，抢占了出版先机，一本书就这样造就了一家出版社。后来明星公司和大华电影社还因为该小说的改编权闹上法庭，大律师章士钊和黄金荣、杜月笙等黑社会头子居然也卷入其中。《啼笑因缘》的出版史至今没有完成，其总印数已无法统计，而且国内国外都频有盗版翻印。仅从正版而言，到1949年为止已印行了二十多版，达十几万册，与此同时，续作伪作迭出，有《续啼笑因缘》《啼笑因缘三集》《反啼笑因缘》《关秀姑宝卷》等，其畅销程度难以评说。正如李洁非所言"张恨水真正构成了中国文学有史以来第一个品牌化现象"[①]。张恨水现象的确值得做进一步研究，其通俗文学的畅销充分证明着一个新文学家们所共同追求却无法完全达成的愿望，那就是雅俗共赏。也只有雅俗共赏的文学才能真正完成其为"国民"的使命，并且在文化和艺术素养上对国民进行提升。这种提升不是高高在上的说教，而是在平易近人的交谈中得以实现。雅与俗不再是对立，而是完成了有机融合。

中国的现代文学史家们似乎对于畅销的概念缺乏研究兴趣，只喜欢对文学做质的区分，虽然会自觉不自觉地以畅销与否来衡量文学的得失。但事实上，无可回避的是，所有的文学创作者都期待自己的作品被尽可能多的人所接受，哪怕有人如尼采那样认为自己的作品只在自己死后才被接受，但我们分明感觉到他那种世无知音的悲哀。而鲁迅说得更含糊些，认为自己的作品只有有特定经历的人才能读得懂，读得明白。他不希望被人误读，但是可以说，他对于有人能去读他的书还是很兴奋的，既已立言，就是要言与人听。于是，读者问题，是作者的死结，不管承认与否。被世人承认的方式或可有多种，但最为直接明了的就是发行量，畅销的意义因此诞生。

---

① 李洁非：《畅销作家张恨水 受欢迎到什么程度》，中国网：http://www.china.com.cn/book/txt/2008-07/07/content_15964746_2.htm。

雅俗文学的区别本来就是一个相当模糊的概念。自文学产生以来，两者就在不停地相互转化与融合，在这种转化与融合过程中，伴随的当然是文学的发展与提升。古代的俗文学，到我们今天恰恰变成了雅文学，甚至是文学经典。朱自清先生在去世前夕曾写道："所谓现代的立场，据我了解，可以说就是雅俗共赏的立场，也可以说偏重俗人或常人的立场，也可以说是近于人民的立场。"① 这篇序文作于 1948 年，可以说是对整个中国现代文学史的一次总结。从雅俗分赏到雅俗共赏，有历史的机缘，也有作家们的自觉选择，在中国初步市场化的时代，畅销文学的出现见证了这些往昔的奋斗与辉煌。

抗日战争爆发后，由于全民族迅速投入救亡图存的斗争中，文学市场也深受冲击。而抗日需要全民族的参与，动员大众、唤醒大众的民族意识的使命感更加强化了中国文学的大众化追求。左翼作家们本身以肩负着的民族奋发图强的使命步入文坛的，因此此时创作抗战文学是其义不容辞的。当时出现大批带有浓重宣传色彩的文学作品，各种民间形式都被借鉴过来，但由于多为一些急就章，缺乏艺术的沉淀与追求。在这种全民救亡的大潮之下，一些通俗文学作者也积极投身其中，典型的是著名通俗文学作家张恨水。他身为全国文艺界抗敌协会理事，宣传抗日自是责无旁贷，因此创作了大批反映抗战的小说。在一场全民族的救亡情绪中，大众化的旗帜被中国共产党接续，毛泽东在《在延安文艺座谈会上的讲话》等著作中，大力倡导文艺为人民大众服务，把建设民族的科学的大众的文化作为新民主主义文化的发展方向。但是，这时的"大众化"已与鲁迅等人从文学发展的立场来出发，保持文学在接近大众的同时，要"保持水平线"上的观点有所区分，其教育和宣传功能远远超过文学审美的功能。虽然出现了让群众喜闻乐见的赵树理式的作品，但是，诸多的文学创作都因沾染上深刻的政治基因而遭到后人的遗忘。更为重要的是这些大众化文学作品的传播，并不是读者的主动选择，很多是

---

① 朱自清：《论雅俗共赏·序》，北京出版社，2005，第 2 页。

有组织有目标的策划行为。市场的淡出，使读者自身的作品接近权受到严重限制：虽然我们不能否定组织化的传播方式在特定历史条件下的有效性，和它对于最底层人民的有利性，但是，这种传播的前提其实依旧是精英式的思维，是把党的意志和精神通过文艺的方式灌输到底层的人民群众中去，在最初的阶段有其必然性。但是，到了后期，这种意识形态化的传播方式终于成为文学的桎梏，也成为特定时代人们的精神枷锁。在"文革"时，这种方式达到极致，虽然此时某些作品可能在组织意志之下印行百万，但由于缺乏受众的自主参与和选择，不能够成为我们的研究对象。因此，可以说，自 20 世纪 40 年代以来，中国的畅销文学的发展已被中断，但雅俗共赏的走向为后来畅销书走向历史提供了新的思考维度。

二、20 世纪 90 年代以来文学畅销书的经典化

中国畅销文学历史的接续是在中国进入市场经济的 20 世纪 90 年代。前文已对这一时代文学类畅销书的生成与生产机制展开过论述，那些外部条件为畅销书的再生提供了土壤。而这类文学特殊的内在性质，决定了其必将随着时间的推移发生分化。其中既有借助于书商和传媒的炒作其热度也不过月余的纯商业化昙花一现的作品，也有由于其本身的艺术价值而进入经典化道路将接受历史考验的上乘之作。实际上文学畅销书成为文学经典的案例并不鲜见，如法国童话作家夏尔·贝洛于 1697 年在巴黎出版的《鹅妈妈的故事或寓有道德教训的往日故事》一书就是当时极为畅销的图书，书中收录的《小红帽》《灰姑娘》《睡美人》等故事传颂至今，成为儿童文学经典之作。畅销与经典并不冲突，一些文学水平较高的作品面世之初就是作为畅销书而策划出版的，如海明威的《永别了，武器》及阿加莎·克里斯蒂的作品就被出版商艾伦·莱恩列为"企鹅丛书"的第一批。实际上，这一批十本平装书，大多成为日后的畅销书，而且是经典畅销书。到 1936 年企鹅出版社正式成立之时，这套丛书总销量已达 300 万册，可见它在当时的畅销程度。在当代，许多经典文学作品一再被翻印，并且可以创造新畅销。如张爱玲热、《围城》

热等现象，都可以反证经典与畅销之间的互动关系。虽然自 20 世纪 90 年代至今天，时间不过 20 余年，这些正在接受历史考验的作品与那些经过千百年岁月检验的文学经典尚无法相提并论，但从当下的发展状况来看，一些文学类畅销书正在向经典迈进却是不争的事实。因此，本研究仅仅称之为经典化。

根据西方学者考尔巴斯的说法，作为一种学术时尚，对经典的讨论从 20 世纪 60 年代就已经开始。经典理论中包括将经典的构成条件限定在文学作品内部的本质主义观点。如《红楼梦》之所以成为文学经典，是因为其对于当时社会的深刻揭示和对人物的生动描写，以及对于人生命运的领悟等。这样的作品，不是属于某一个时代的，而是属于所有时代的。但是，即便是本质主义者，最终也没能提出一个世所公认的认定经典的标准，最后仍旧将其归于读者的主观判断。结构主义出现之后，则对经典提出了质疑。布尔迪厄认为，经典是被制造出来的，并不存在永远的经典，它不过意味着一种统治机制的存在。经典化的过程，实际上是某种特定约束机制合法化的过程，它使权威得到承认，而那些异议受到压抑。因此，"经典"之所以成为"经典"是一种人为的转化过程，其中体现着在特定历史进程中某些特殊力量对于文化和文学发展的控制。两种看似对立的观点实际上提供了观察经典的内外两个视角。因此，衡量某一文学作品是否能够成为经典，至少应该从文学作品内部价值及外在评价两个层面来看。20 世纪 90 年代以来畅销文学中的一些作品无论从文学内部还是外部来看都具备了进入经典的条件。

从内部来看，20 世纪 90 年代以来一部分畅销文学具有相当高的审美价值，文学性得到张扬。这些文学作品能够"旁通而无滞，日用而不匮"，常说常新，永无止境。这些作品初步具备了成为文学经典的基本内在特征："既是一种实在本体又是一种关系本体的特殊本体，亦即是那些能够产生持久影响的伟大作品，它具有原创性、典范性和历史穿透性，并且包含着巨大的阐释空间。"①

---

① 黄曼君：《中国现代文学经典的诞生与延传》，《中国社会科学》2004年第3期，第149页。

一方面，从本体特征看，经典作品一般都是原创性文本与独特性阐释的结合。同时，在价值上成为民族语言和思想的象征符号，体现着一个国家和民族文化承传的内在需要。20世纪90年代以来的一些畅销文学作品具备了这些经典特征。比如《狼图腾》《尘埃落定》《秦腔》《长恨歌》等作品都是如此。以《长恨歌》为例，该作创造性地刻画了一个上海女子的形象，她的命运如一叶扁舟飘浮在时代变迁的大海之中，从少女时代的选美风光中迅疾坠落，到中年时期的孤独承受及晚年的挣扎与不安……小说从写作笔触到对人物的把握上，都显出强烈的个人风格和对人生命运的个性化洞察。而《狼图腾》更以其有关神秘、新鲜的草原狼的写照，把人们带入一个完全陌生的世界。《尘埃落定》中以一个傻子的胜利来阐说人生的哲理的方式则显得更加独树一帜。这些畅销作品纷纷以其独特的风采成就着自身。

这其中最为典型的就是路遥的《平凡的世界》，该书于1995年进入畅销书排行榜前十名。如果说20世纪90年代以来，有一部能够穿越时空，持续受到欢迎的文学作品，那么当首推该书。路遥已逝，但他因该作品获得了永生。"路遥现象"至今成为文学界一个不解之谜，而对于众多的读者而言，说得最多的就是"感动"。《平凡的世界》共三卷100余万字，时间跨度从1975年到1985年，整整十年，该书不仅以全景画的方式反映了十年间的城乡变迁，最为重要的是写出了孙少平那样一个顽强不屈、自强不息的刚强青年的形象，中国传统"人穷志不穷"的精神在其身上得到精当表现。与其他畅销作品不同，此书的成功在于，作者与红楼梦作者曹雪芹相类，是用生命在写作。该书从1982年开始构思，到1988年完稿，历时6年，其间他为了创作，足迹遍及乡村、矿山，过着最为简朴的生活，殚精竭虑，似乎把全部的生命都付诸写作活动中，待完稿时不到40岁的壮年男人已变得形容枯槁。这种完全非功利的纯文学创作方式，使得该部作品迅速成为时代经典。短短二十年间已有中国文联出版社、华夏出版社、陕西旅游出版社，经济日报出版社、中国青年出版社、贵州人民出版社、人民文学出版社、北京十月文艺出版社等多个版本，其中还不包括其被收入"全集""选集"及改编成其他文本形式的作品，另有无数的盗版。《平凡的世界》的成功是对遥远历史经典的呼应，它完全可以排除人们关于经典讨论中的外在权力因素的干扰，无论是市场、政治还是宣传在这样的作品面前，都显得微不足道，它最终注定了将成为时代经典的铭证。与之相类，余华的《活着》，贾平凹的《废都》都是对中国传统的接续和对中国现实的反映，从内容到形式，都带有鲜明的中国特色。

另一方面，经典在存在形态上具有开放性、超越性和多元性的特征，常常体现公众话语与个人言说、理性与感性，以及意识与无意识相结合的特点。20 世纪 90 年代以来许多畅销文学作品初步具备这些特征。如影响广泛的"王朔小说"就是如此。1992 年路遥的去世似乎象征曾经为文学而文学，为艺术而艺术的纯精神时代的终结。众所周知，正是他去世这一年，中国开始宣布正式进入市场经济的轨道。市场与金钱的魔力丝毫与他无涉，却对 20 世纪 90 年代以来的众多作家产生了无法估量的影响。王朔就是这样一个在市场来袭之际充分利用市场成就自己的典型代表。得益于市场从其于 2007 年以 500 万元的版税收入荣登"2007 第二届中国作家富豪榜"，高居第 6 位或可得到某种证明。但这些，对于成为文学经典来说，并不具有证明意义。王朔的经典价值在于他借助市场的力量，使自己的思想和观念通过市场化的操作得以表现。他抓住了这一时代的特点，并以叛逆的姿态对以往人们所熟悉的崇高伟大进行了毫不留情的解构。就连文学创作本身，在王朔自己的言说中，从来也不曾崇高起来，他自称在"码字"，其目标就是"卖"。出于对市场的高度接纳，他亲自参与自己图书的运作，亲自把作品改编成电视剧，并积极为自己的作品做广告，从把传统作家那种对于文学的仰视姿态改为把文学玩弄于股掌之间。也许正是由于这种写作姿态，决定了其玩世不恭的调侃风格。在语言上，他的对白通俗化又充满活力，叙述语言则以戏谑、反讽为主，对权威话语和知识分子的精英立场都有嘲讽。王朔引发热议，有人甚至批评其为披着文化外衣的"痞子流氓"。但王朔关注着社会边缘上的人，而这些人总是难以进入主流文学家的视野，他以一声"我是流氓我怕谁"

撕下所谓崇高的面纱，从《我是你爸爸》《过把瘾就死》到《动物凶猛》，王朔走向平民，拒斥崇高的姿态，使其显得相当另类。关于王朔及其作品的争议也相当持久，有人称其作品为"痞子文学"，也有人称之为"新京派"，可见其作品的张力与弹性。他的躲避崇高恰恰是对高居人上的一切救世文学和精英文学的一种反叛，他撕破了伪崇高的假面，以直白如话、鲜活生动、朗朗上口的写作风格摆脱了文人的八股气与书生气。

除了文学作品内在品质外，外在因素在成就经典中还具有特殊的作用。从外部条件来看，组织生产和评价推动了20世纪90年代以来文学畅销书经典化。

在生产场中出现了有意识进行经典化策划的力量，使一些作品在产生之初便会与时下流行的仅仅用于消闲和娱乐的畅销书相区别。以1992年长江文艺出版社推出的《跨世纪文丛》为例。当初推出这套丛书，其目标在于反映那个时代变异与发展的特征，汇集能够代表这一时代的突出之作："作为这种变异和发展的最主要的标志，就是当代中国文学的格局从封闭走向开放，从单一走向多样，从狭隘走向阔大，独一无二的选择让位给多种多样的选择。现实主义依然是当代中国文学的主流，但在现实主义之外，又出现了多种多样的艺术探索和实验，从而造成了当代中国文苑以现实主义为主体的多元化的艺术景观。现实主义自身也发生了若干变异，变得更加开放，更加阔大了。这是数十年来中国文苑所未曾有过的景观。"[1] 通过丛书显示文坛的巨大收获，为文学的发展提供样本，满足受众对于文学艺术与思想提升的期待："《跨世纪文丛》将立足当代，放眼未来，既弘扬中国文学的现实主义传统，又倡导开放性、探索性和多样性。在选择标准上，将坚持美学——历史相结合的原则，既看重其文学性，又看重其包容的文化内涵、历史深度和思想力度，既要看重其艺术上的创新，又考虑到读者的阅读需求和阅读期

---

[1] 陈骏涛主编《跨世纪文丛》，长江文艺出版社，1992，第1页。

待。"① 这套丛书的作者包括了苏童、池莉、刘震云、贾平凹、刘恒等十多位作家作品。这一文丛里面池莉的《太阳出世》最具典型性，该集共收池莉的《不谈爱情》《太阳出世》《烦恼人生》《冷也好热也好活着就好》等八篇短篇小说。这些小说中，一个共同的特点是摒弃人生的崇高，直接面对生活的庸常，把以前不为人们所注意的琐事、无聊事、烦恼事一股脑儿全部展现出来。让人看到所谓的人生实际上充满了无奈、辛苦与怨声载道，而人又不得不在这样无聊的人生中无为地活着。从手法上摆脱了以前现实主义和浪漫主义对于主题的刻意提升，从而在中国文学中催生出一个新的流派那就是"新写实主义"。与之相类，刘震云的《一地鸡毛》、苏童的《红粉》都带有这种色彩。可以说，《跨世纪文丛》以畅销书的方式开始了一种文学探索活动。而从文丛的畅销和在文坛的影响来看，其策划无疑是成功的。从文学形态上来看，这些"新写实"的小说以其创作实绩证明了自己的经典价值。类似的出版策划还有《文化苦旅》。由于该书在正式出版前被两家出版社退稿，因此上海知识出版社为了打开市场，发动传媒进行先期炒作，组织人马发表 300 多篇评论，终于使这部本受冷落的散文集变得异常火爆，这些也得之于出版策划之利。余秋雨此后的作品，也常加入市场包装和营销手段，比如不透露作品名的故意卖关子等。这些做法使其系列文化散文热销，对其本人来说可谓名利双收，对于中国文学而言，无疑增添了新的文学品种，同时也提升了受众的文化素质。张抗抗的《情爱画廊》的经历也是如此，该书被出版方包装成一个通俗文学的面容作为风行一时的"布老虎丛书"得以流行。这些生产者的出版策划意义在于连接了文学与市场，文学借助于市场的力量得以传播和普及，扩大文学的影响范围，同时也使文学接受更多人的检验。

　　20 世纪 90 年代以来畅销文学经典化的历程还体现在一些畅销文学作品开始进入文学研究者的视野，进而走进文学史，并通过不同层次的公共教育渠道使之经典化。比如，高等教育出版社的"面向 21 世纪课程教材"中的《中

---

① 陈骏涛主编《跨世纪文丛》，长江文艺出版社，1992，第 2 页。

国现代文学史》（1917—1997）的下卷中，对 20 世纪 90 年代以来的小说评价是"90 年代的文学要在弘扬主旋律的同时，实现一种真正的多元化格局。在这个格局中严肃与游戏、创新与守旧、通俗与先锋，现实主义与现代主义乃至后现代主义都有相应的文学表现。这无疑意味着中国文学的表现空间被大幅度地拓展了"①。该教材对"王朔热"进行分析，并指出其文学价值所在，认为"其对知识分子劣根性的嘲弄，有助于知识分子的自我反省，而其轻松的文风及对市井口语的运用，则对知识分子叙事的凝重、优雅形成美学意义上的冲击，并以此构成文学多元格局中的'一元'"②。该教材还对 20 世纪 90 年代以来的"新写实小说"进行了总结，指出"在 90 年代的文学格局中，新写实小说在其初期占有着举足轻重的地位。这些小说不仅进一步完善了新写实小说的艺术原则，而且在小说的文化探索和形而上的精神上也比 80 年代有了新的超越"③。同时，余秋雨的散文也被该书列为 20 世纪 90 年代散文代表作。认为"余秋雨散文的出现意味着知识分子在民族文化的大背景下，以个体的生命体验来询问中国文化的命运。余秋雨以重温和反思历史的方式走上'文化苦旅'之途，拾掇整合已经'破碎'了的文明，并由此重构现代知识分子文化人格。余秋雨的散文，显示出'文化故乡'与'精神故乡'在他心中的位置。他是一个略带悲观的理想主义者。他找到了蕴藉在文明中的大感觉与大痛苦，他在整合文明'碎片'时的思想力量、理想情怀和悲剧体验，都把人们引入了一个可以称之为悲壮、辉煌的境界。这样沉重的体验使人意识到生命中不能承受之轻"④。虽然说，文学研究者对余秋雨的作品颇有争议，但其当代散文创作的别具一格的开创性贡献获得学界共识，这种语态必将影响大量在课堂内外接触该教材的学生，特别是通过教师的权威诠释，更加强化了其经典地位。20 世纪 90 年代以来畅销文学经典化历程还在

---

① 王庆生：《中国现代文学史》（1917—1997）下卷，高等教育出版社，1999，第177页。
② 同上书，第177页。
③ 同上书，第178—179页。
④ 同上书，第204页。

继续，在本研究中，无法确切提供 30 年来文学经典名单。但相信，在未来的经典文学史上，一定会出现这些畅销书的名字。从 20 世纪 80 年代中期以来，以钱理群、陈平原和黄子平三位正值壮年的学者为代表的文学研究者们提出重写文学史的主张，他们强调"客观发生着的历史与对历史的描述毕竟不能等同。描述就是一种选择、取舍、删削、整理、组合、归纳和总结。任何历史的描述都依据一定的历史哲学，依据一定的参照系统和一定的价值标准，采取一定的方法。文学史的描述也是如此"[①]。他们提出"二十世纪中国文学"这一概念首先意味着文学史从社会政治史的简单比附中独立出来，意味着把文学自身发生发展的阶段完整性作为研究的主要对象，实际的目标就在于与文学的外在力量争夺推动文学经典化的权力。在其后对于重写文学史论争的反思中，人们很快发现了问题，文学永远不可能孤立存在，文学是人的文学，也是社会和历史的文学，文学总是存在于特定的语境之中。因此，当我们言说 20 世纪 90 年代以来畅销文学经典化道路的时候，我们已关注和一直在关注的不仅仅是文学，还有生长文学的那片土地。

第二节　20世纪90年代以来文学畅销书生产背后的"焦虑"

一、20世纪90年代以来文学期刊生存境遇及运作机制的一种考察

纵观历史长河，古老的文学艺术与它的传播媒介一直休戚与共、同生共长。文学期刊作为沟通作家作品与大众阅读的桥梁，在文化传承与发展过程中历来有着举足轻重的地位。作为连接文学读者与作者的一个中介，文学媒体将作者的文本传送给接受者，接受者同时借助这一媒体将信息反馈给创

---

①黄子平、陈平原、钱理群：《论"二十世纪中国文学"》，《文学评论》1985年第5期，第13页。

作者，从而达到对文学信息的交流、对话和沟通的目的。20 世纪以来，文学期刊一直真实、准确而又及时地记录着文学生产的成败兴衰以及文学命运的浮沉变幻。而通过文学期刊向社会公开露面，也通常是作家作品进入文学世界的一种基础性选择。但当历史的行程驶进 20 世纪 90 年代，市场经济的推进使新中国成立后形成的数十年一贯制的文学生产体制发生了深刻转型。文学媒体走向市场化生存。随着网络等电子媒体的时空扩张，纸质媒体在文学的生产能力以及传播效力上也受到巨大冲击，它们挥别了曾经有过的辉煌业绩和优雅状态。

第一，毋庸赘言，20 世纪 90 年代以来的文学期刊业在整体上是"不景气"的，它是在市场化的进程中被迫转型和黯然登场的。自 1985 年以后，随着国家对期刊经营政策的调整，文学期刊逐步走向市场，独立核算、自负盈亏。由于已长期习惯于依赖国家财政拨款，因此文学期刊自身缺乏对市场的敏感度以及开拓市场的能力，在观念转型和生产体制转轨的进程中都明显滞后于其他行业。于是在市场冷酷生存法则中举步维艰的文学期刊有的发行量大跌，有的难以为继，即使是主流文学期刊也未能幸免。相对于 20 世纪 80 年代初期的 150 万份的辉煌业绩，《人民文学》在 1992 年订数仅有 10 万多份。而曾推出《高山下的花环》《凯旋在子夜》等佳作的《昆仑》杂志在 1998 年初停刊；由鬼子等文坛健将操持的与桂林山水一样有名的《漓江》"宣告断流"；1998 年岁尾，文学界享有赞誉的优秀期刊《小说》在与读者依依惜别后也退出了文坛……媒体把上述期刊的相继停刊称为"天鹅之死"。"也许，作为计划经济时代的派生物，传统意义上的文学期刊，从形式到内容，从体制到运行，在勃发生机的市场经济面前，都显得严重失去活力，慢慢锈涩、慢慢萎缩了。'天鹅'真的就该这样慢慢地、一个一个地静静死去吗？"①

在国家财政补贴不足、自身发行收入又无法维持生计的情况下，文学

① 周桐淦：《梦幻天鹅湖》，《北方文学》1999 年第 9 期。

期刊开始了自救。除了个别文学期刊"关门停刊"以外，绝大多数纷纷走上了对重生之路的探索，在市场化语境中积极谋求新的安身立命之所。在新旧体制的转换生成过程中，文学媒体的生产经营主要出现了两方面的变化。一是调整办刊方向，在内容对象上进行新的拓展。针对文化市场的选择，一些期刊开始标举通俗文学，由纯文学向通俗文学，向最畅销、有较多经济效益的"热点"文学转产。这种运作方式改善了文学期刊与读者大众的关系，文学创作规则由以往的以作者为中心被迫转向以经营为中心，以便满足读者的需要。二是在坚守文学阵地的同时，采取合作的方式，引进新的投资经营主体。为了获得比较充足的办刊经费，从20世纪80年代末期开始，一些刊物相继成立了期刊董事会或期刊基金会。理事会一般每三年调整一次，按资助款项的多少分别担当相应的理事、常务理事以及副理事长。理事长一般由杂志社领导或其上级主管领导担任。此后，又有刊物探索出与企业联办或协办的"改革模式"。如徐州卷烟厂与江苏作协联办的《钟山》，贵州卷烟厂与贵州作协联办的《山花》（贵州茅台酒厂等其他企业也已介入支持《山花》），而异军突起的《大家》杂志在1994年创刊伊始就与昆明卷烟厂联手，并推出10万元的"红河文学奖"。在杂志运营过程中，由于企业化的管理模式被引进到期刊体制的内部，从期刊产品的包装、宣传到品牌的经营，文学期刊的产品意识明显强化，商品性质凸显。近年来，亦有很多文学期刊纷纷投靠出版体系，搭建在出版社的平台上。例如，《人民文学》《诗刊》等属于作家出版集团，《上海文学》也与复旦大学以及复旦大学出版社达成了合作意向。我们说，与企业的"联姻"，在一定程度上解决了一些刊物生存的燃眉之急，为其生存和发展赢得了适应市场的机会。但随着文学媒体经营主体的多元化，投资者的经营理念和手段也相应地介入了文学生产中，这无疑会给文学艺术带来新的状貌。此外，为扩大文学期刊的影响力，文学期刊同人们也加强了合作。如1995年《大家》《作家》《钟山》《山花》四家杂志联合推出的"联网四重奏"等举措。在信息高度发展的时代，在一个信息很难独自垄断的时代，行业之间的互助与联合经营一个名牌栏目，既可避免资源的重复性生产与浪费，还可利用各自优势形成互补格局，亦是形成合力、抵御市场风险的一个有效途径。

为了进一步拓展新的生存空间，扩大自己的读者群，文学期刊在1999—2000 年掀起了浩浩荡荡的"改版大潮"。这次文学期刊的改版潮，其实是与当时中国期刊界的整体环境、整体改革步骤相一致的。期刊的"改版，对于刊物个体而言是其为了自身生存发展的需要进行的战术调整；从全国期刊的整体布局而言，是优化期刊结构、促使期刊业的发展从规模化向集约化进行战略转移的一个步骤"①。1998 年和 1999 年被称为是中国期刊的"改版年"。"改版"一方面注重期刊在传媒组织上的商品属性，注重宣传和包装。另一方面也注重在文学内容上的拓展，有意向大文化方向扩容。纵观整个文学期刊改版潮，绝大多数文学期刊都在办刊宗旨、刊物类型、办刊模式、栏目结构、读者定位等方面进行了或多或少的调整。在改版过程中，"文学期刊"的概念也有所拓宽和改造。有的文学期刊虽然名称依旧，可是从栏目到文章，"纪实""报告""特写"远远大于纯文学的比例。正如邵燕君所概括的，各式各样的改版大致可以归纳为两种主要模式：一种是向"综合化"的方向发展，另一种是向"专门化"方向发展。前者突破了文学期刊原有的小说、散文、诗歌、评论的"四大块"的设置，加进大量的文化方面的内容，办成"大文学"意义上的综合类文学期刊。后者建立在市场细分的原则上，突破计划经济体制下形成的所有文学期刊都面向所有读者的模式，将读者划分为类似的消费群体，然后针对其中某一种群体的年龄性别、趣味特点等，编办一种专门适合他们的杂志。

根据不同的文化层次，第一种改版模式大致有三种走向：一是世俗化倾向。这是一种比较流行的做法。众多期刊纷纷开辟大众文化栏目，由纯文学向俗文学转变，增加言情和纪实方面的内容，突出文学艺术的消遣娱乐功能。二是压缩纯文学的版面，融进其他文化艺术内容，向时尚杂志靠拢。如

---

① 邵燕君：《倾斜的文学场》，江苏人民出版社，2003，第41—42页。

作为纯文学期刊之一的《作家》杂志，以创办"中国的《纽约客》"为目标，在 2000 年初一改传统面目，换上了全彩精美印刷的"白领丽人"的时尚外形。办刊立足点也由原来"作家们的《作家》"改为"读者们的《作家》"。办刊宗旨的调整体现了对读者趣味的适应，读者的数量、购买力、阅读趋向等成为文学期刊必须考虑的生存要素。改版后的《作家》采用铜版纸全彩印刷，从中国文坛上的一本"最先锋的杂志"变为了一本"最豪华的杂志"。三是扩大思想言论版面，突出思想文化性。在这方面首推海南的《天涯》杂志。改版后的《天涯》突出了"作家立场""民间语文"等具有独创性的栏目的位置。不再独尊小说，强调体裁上的兼容并蓄，确立了泛文化、杂文学的文学文体意识。这也正如王一川所指出的，20 世纪 90 年代中国文学的一个显著特点就是"杂体互渗"。所谓"杂体"，是指不同文化形态（包括审美趣味、艺术体式和文学形式等）的多体并存状态；所谓"互渗"是指不同文化形态的相互渗透或汇合状态。"杂体互渗"就是多种不同文化形态既并存又互渗的状态。^①

在 90 年代末期大规模的"改版潮"中，文学期刊在反思与探索中重新定位。这种重识不仅是为了对社会的精神文化家园进行抢救，同时也是文学期刊自身改造的重要手段。当图书出版业已经开始步入"微利时代"时，期刊业被业界人士称为"二十世纪最后一座金矿"。但作为一种文化产业，文学期刊在文化市场上还只是刚刚起步。在亲历了失落、沉寂、困顿和探索后，文学期刊人已经做出了许多富有尝试性的运作，迫切地希望得到来自外部世界的肯定以及市场效益。"改版"后的文学期刊明显地表现出定位更加贴近读者，贴近现实，贴近生活，但文学审美表现的推进却退居其后。这是编辑方针的变化，更是一种经营策略的变化。《红岩》主编谢宜春曾如是说："他们无法面对终刊那样的感伤局面。因此，都身不由己地奔忙起来，进行各种各样的尝试与探索。改刊、改版，乃至改变宗旨者，有之；重新包装，活跃

---

①王一川：《汉语形象与现代性情结》，首都师范大学出版社，2001，第139-140页。

发行渠道者，也有之；以文养文，以商养文，文企联姻者，也不鲜见；直至改换门庭，引入现代企业管理机制，实行现代企业化管理等等，可以说八仙过海，各显其能，凡是能做的他们都做了，令人感佩之至。"[1] 基于生存因由，改版后的文学期刊大多成为通俗流行杂志或文化综合性刊物。虽经种种努力，抑或自降品位，其市场占有量依旧委顿。尤其是一些刊物的"变脸"不仅吸引不了新读者，反而失去了老读者。如《湖南文学》改为《母语》后，杂志从文学刊物变成了综合性的时尚类杂志，可惜市场并未打开，现在已被迫改为成熟女性的时尚杂志《漂亮妈妈》。但这一领域的市场也面临着残酷的竞争，前途未卜。再如《广西文学》，2000 年从综合型纯文学刊物改为以发表小品文为主的市井型"快餐文学"后，效益并不理想。2002 年 7 月与广西金嗓子有限责任公司签约，后者协办《广西文学》。同年 9 月，《广西文学》再次实行改版，重新定位为以刊登中短篇小说、纪实文学、报告文学、诗歌、散文和评论的综合性文学刊物。针对当前文艺期刊迎合受众和走通俗路线的现状，有论者作出如此评析："谁来对大众的趣味负责？写者到底应当迎合'大众'的趣味还是应当提升'大众'的趣味？读者（喜欢读书、报、杂志甚至街边海报也要一一看过去的人），总是那些不读什么就感到空虚的人。'读'对于他们不仅仅是一种娱乐，一种行为，更重要的是一种生活方式和习惯。"[2]

第二，细致考辨文学报刊出现生存危机的原因，有内源性的，也有外源性的，二者错综纠结。从文学媒体的整体分布来看，文学期刊是占主导地位的文学传播形式。它在服务作家和读者、培养文学新人、引导文学潮流、组织文学生产、繁荣文学事业等方面肩负着重要使命。它所构塑的文学话语空间是其他文学媒体无法相比的。就文学期刊的创办宗旨和生存语境而言，1949 年新中国成立以后，它并不是自主存在的，而是构成国家意识形态体

---

① 段儒东：《立足点的转变》，《北方文学》1999年第8期。
② 葛红兵：《赤裸的心脏》，中国文联出版社，2003，第164页。

系的一个有机组成部分，无论创建或发行几乎全部由国家财政拨款，均被纳入国家文化工作的整体规划之中。"一般说来，'中央'一级的（中国文联、作协的刊物）具有最高的权威性，次一等的是省和直辖市的刊物，依此类推。后者往往是'中央'一级的回声，做出的回应。重要问题的提出，结论的形成，由前者承担。这些特征，也就是有效地建立了思想、文学领域的秩序得以维护的体制上的保证。"[①]这种期刊格局的建立首先是为了便于党和国家进行统一的监督和管理。如果从文学生产的角度来看，这种运作机制与国家计划经济体制严格配套。不但所有期刊的运营范围都基本按照行政级别和地域分界划分，在产品的生产类型上也有明确的定位和分工。在这种文学体制下，文学期刊作为传播文艺作品的主渠道，是党和国家的重要思想文化阵地和舆论工具，承载着意识形态建设任务。作家和编辑的身份被定为"国家干部"，被纳入等级森严的有固定薪俸的"单位"之中。在"文革"期间，在史无前例的特殊的精神气候下，对文学生产的集中控制达到顶峰，绝大多数文学期刊被迫停刊。据花建、于沛编著的《文艺社会学》一书介绍，上海地区在 1967 年到 1972 年没有一份杂志。

新时期以后，尤其是 20 世纪 70 年代末到 80 年代中期，中国文学期刊曾经有过一段发展的"黄金期"。1978 年，文联、作协和其他文艺家协会恢复活动后，文学期刊的格局也逐步恢复或重建起来，随后期刊的高速发展期接踵而至。除复刊、创刊的期刊外，一些出版社也创办了大批期刊。文学期刊在这一时期积极主动地策划了一系列的文学热点、焦点现象。对文学的发言权和作用力得到加强和完善，其发展受到了前所未有的关注。伴随着一部部引起轰动效应的文学作品的刊出，《人民文学》《十月》《当代》《收获》等文学期刊备受青睐，为数众多的文学爱好者对文学期刊的旺盛购买力支撑了文学期刊的半壁江山。20 世纪 90 年代以来，当市场化进程不断向纵深推进，文学期刊从外部环境、内部机制上都面临着重重困难。为与上述转型相适应，

---

①洪子诚：《问题与方法》，生活·读书·新知 三联书店，2002，第208页。

国家改变了稿费制度管理办法，实行了版税制。这就在客观上将文学生产的利润增长点转移到图书出版领域，作家们更愿意直接出书，抽取较高的版税。由此，文学作品可以绕开期刊直接进入出版环节，文学期刊逐渐失去了作家作品的首发权。

作为精神文化产品的经营主体，文学期刊与市场机制之间存在着一个相互调整、相互适应的磨合过程。正如我们所观察到的，尽管文学期刊已被推向市场，可在管理体制上依旧存有计划经济体制的特点。在计划经济体制下，作为一种组织的传播媒介，即各个级别的文学组织内部成员之间、文学组织与外部成员之间的文学交流媒介，其生产和发行具有非经营性。但走向市场化生存的文学期刊，是需要面向广泛的读者大众与激烈的市场竞争的，传统的管理体制、历史包袱等等无疑会导致文学期刊的运转不畅。在体制框架和市场逻辑中艰难前行的文学期刊，尚不具备或不足以在文化市场中获得一种独立成熟的产业资格。有主编指出：目前国家对文学期刊的政策尽管渐次明朗，但文学期刊的性质和定位尚不明确，尤其是在用人机制上存在问题，期刊的自主性不够。这种"单位式"期刊的员工身份通常是主管部门或主管领导经由行政的方式任命的，期刊的发展个性和多元化途径的探索受到有形或无形的规约。

文学期刊所遇到的种种问题，其实也是文学自身——这一古老的语言艺术在当下遭遇危机的某种反映和必然延伸。著名文艺理论家詹姆逊曾把当代社会的文化特征概括为"视像文化流行"和"空间优位"。这一概括可以说道出了90年代以来文化艺术的一种实际变迁。随着影视传媒以及互联网络的普及推广、深度介入，我们的生存空间正在向可视性转换。文化符号趋于图像霸权、语言文字退居次席已是一个不争的事实。这也正如海德格尔曾经预言的：我们正在遭遇一个"世界图像时代"，"世界图像并非意旨一幅关于世界的图像，而是指世界被把握为图像了"[①]。在当今世界，信息和意

----

① 孙周兴选编：《海德格尔选集》（下），上海人民出版社，1996，第899页。

义，快乐抑或悲伤，正在借助视觉图像来传播。图像在公共空间以及私人领域正在发挥着重要作用。由于新型的文学传播方式可以是数字化的、多媒体的，以及互动交往式的。观看行为取代了文字阅读的诸种形式，文字只为解说图像而存在，文字的深意被图像化为直观化的形象。图像对文字的压制和排挤，使得普通公众的阅读方式、感悟方式已从纯粹地依赖语言文字的交流与对话，发展到了更多地依赖电脑与图像，读图的快感取代了纯粹文字阅读的意趣。"图像转向"论者米歇尔这样认为：在人类文化史上，始终存在着词语和图像的复杂辩证关系。"词语和形象的辩证法似乎是记号之网中的恒定因素，一种文化就是围绕着它自身来编制的。变化的恰恰就是编织法的特性，是经纬关系。文化的历史部分就是图像符号和语言符号之间争取支配地位的漫长斗争的历程，任何一方都是为自身而要求一个可以接近'自然'的特权。"①"读图时代"使图像文本成为"新宠"，当图像符号作用于人的感官时，表现出来的是快速、直接、流动、具体、逼真的特点。这种感官直接性，是印刷媒体望尘莫及的。尽管它不能代替语言性的话语，但却可以使之更易理解、更便捷，也更为有效。于是，文学艺术开始大规模地遭遇"图像化"的改造并且日趋边缘化。其中最具代表性的表征就是文学艺术的内在命脉被具有经济优势和技术优势的影视媒体空前遮蔽和掠夺。与此同时，网络等强势媒体对文学期刊等纸质媒体的冲击日益突出，文学新人亦可以通过网络媒体脱颖而出，并获得读者的承认。这种新的文学传播方式正在兼并着文学艺术以及文学期刊的读者市场，文学期刊正在丧失着以往独步文坛的话语地位以及推出作家作品的基础作用。

基于此，笔者以为，文学期刊面临的上述尴尬境地，用改刊或取悦大众等方式并非根本出路。作为一种刊载文学的定期的连续出版物，作为一个在市场经营中的独立实体，它们既具有传媒属性又具有文学品性；既需要实现其经济价值，又要实现其审美文化价值。文学期刊的生存和发展应在社会

①周宪：《读图、身体、意识形态》，《文化研究》第3辑，天津社会科学出版社，2002。

因素、艺术因素之间去求得一种适度的平衡，从关系文学长远发展的高度来思考，追求一种长期效应，而不是一时的轰动效应。把维持刊物的生存作为最高目标，把发行量作为考量报刊创办和经营成功与否的硬性指标，就会遭遇茅盾先生以前所提及的从"人办杂志"到"杂志办人"的被动情形。当刊物偏离了文学本身，走向文学的"他用"，这种诉求成为一种潜规则后，即使刊物重新焕发生机，凸显的只能是商业方面的成功。"过分倾向市场因素而牺牲审美趣味，使文学创作成了一种机械性的交易，至少也是一种有利可图的活动。在这个意义上，文学作品更像是商业化操作的结果。"①

相对于生存的困顿而言，文学精神的泯灭对文学期刊的影响会更为深重。从期刊发展史上来看，它作为沟通精英与大众的桥梁，曾生产出无数深入浅出、雅俗共赏的文化产品。那些包含文化理想的作品既是大众化的，又拥有较高的艺术水准。如精英文化与通俗文化在文学期刊这个平台上并不存在必然的矛盾。无论怎样，"文学性"毕竟是文学媒体的立身之本。文学"如果忽视了时代的风貌、人民的愿望、生活的动向；如果忽视了人民最敏感、最关切、最激动的生活内容；如果忽视了启发读者的思绪、宣泄读者的感情，提高读者的批判能力、激励读者的生活意志；如果忘记了从生活中来到生活中去；如果忘记了同时也要向读者学习；那么，文学就可能要染上冷漠的病症，文学刊物就可能要走上面孔冷漠的歧路。冷漠的文学必定要被读者冷漠，冷漠的文学刊物也必定要被读者冷漠"②。也正是在这个意义上我们说，媒体只是媒体，期刊只是期刊，它不能代替文学价值本身。

二、作者资源与 21 世纪文学的畅销书生产

第一，21 世纪的中国书业已经进入畅销书经济时代。畅销书作为一种具有经济诉求的文化产品，是出版人梦寐以求的目标，书业也因畅销书的存

---

① 黄发有：《文学期刊与90年代小说》，《文艺争鸣》2002年第1期。
② 《当代》编辑部：《创刊10周年的一点表白》，《当代》1989年第3期。

在而显得活力澎湃。反观西方畅销书的发展历程和运作机制，可以说是与其百年来日趋成熟的自由市场经济体系紧密相连的，例如精准的目标定位、发达的营销网络、快捷的物流配送渠道、较大的市场覆盖面，以及及时的数据监控等等。畅销书以可观的销售数量和利润指标不断激活着欧美图书市场，与文化产业的发展融为一体。和西方一些发达资本主义国家相比，中国畅销书的发展历程只有短短的十几年。由于特殊的社会历史背景和意识形态方面的原因，中国文化市场的各项规程不够健全，产业机制尚需进一步完善。和其他类别的畅销书相比，文学类畅销书经常以其扣人心弦、曲折离奇的情节和优美流畅的语言在图书市场中稳占一席之位，并深受读者的青睐。但其所面对的制约更多，挑战更大，竞争也更为激烈。文学畅销书关涉创作倾向、阅读趣味、审美风尚和市场行为等多种复杂因素。不论是文学作品本身，还是其整个生产、传播、消费过程，都承载着很大的文化含量，承担着文化引领、思想启蒙等文学的社会责任。作为当代文学经济化的具体展现，畅销书反映着当今时代正从精英文化向大众消费性文化转型过渡。它的生产既要遵循意义的逻辑，又要符合产业的规律。也就是说，既要有良好的社会效益，又要创造可观的经济效益从而扩大再生产，进而维系出版企业的繁荣发展。

美国文艺理论家艾布拉姆斯在《镜与灯》一书中曾指出，文学是一种活动，由世界、作者、作品、读者四个相关的要素构成，并对四要素的相互关系进行了具体的阐释，其中作者是文学创作活动的主体。畅销书时代的文学生产更是一项系统工程，成为社会综合力量参与的一种创造活动。无须赘言，一本文学畅销书的成功运作，是作者资源、出版社平台、图书内容资源、媒体力量以及营销策略等多种优势资源作用的结果。进入 21 世纪以来，文学畅销书渐趋呈现出目种繁多的景象。且不说《哈利·波特》等外来作品的畅销，就本土作家此起彼伏地涌向图书排行榜的畅销书也不胜枚举。按题材划分，有帝王系列、身体写作、官场、奇幻、穿越、都市时尚、青春文学，等等；按体裁划分，有小说、散文、影视同期书等；按文化形态划分，有大众文化作品、精英文化作品，也有主流文化作品等。正如有论者所指出的，畅销书的确迎来了自己的"春天"。

审视文学畅销书现实的运作机制，我们会发现，出版选题、营销策划的热潮此起彼伏，它们引领着大众的文学消费和文学阅读。但目前出版界关注更多的是有关文学畅销书的媒体宣传与排行销售，市场运作的成分越来越多，畅销书成为商业化、技术化的产物。而关于畅销书的研究，也多从其经济属性出发，探讨如何获得最大的畅销效果，如何追求经济上的巨大利润。对于文学畅销书作者资源的开发和涵养，不论出版理念抑或是操作过程尚未做到有意为之。笔者以为，作者资源不仅是出版社人力资源的重要组成部分，也是畅销书文化内涵、审美价值、阅读魅力的关键性资源。作者创作作品的质量和数量规约着产出水平和效益水平，影响到畅销书利润和效益最大化、最佳化的形成和延伸效应，以及根植于读者心灵的阅读概念的生成。营销的轰动与狂欢是难以遮掩作者资源的匮乏的，这种现状越来越令人担忧。一如王晓明曾感叹的："我过去认为，文学在我们生活中占有非常重要的地位，现在明白了，这是个错觉。即使在文学最有'轰动效应'的那些时候，公共真正关注的也非文学，而是裹在文学外衣里面的那些非文学的东西。"①

作者资源作为单个作者的集合总体，作为一个具有创造性的功能群体，是畅销书产业的根基性和建设性的环节。著名出版家小赫伯特·S.贝利在《图书出版的艺术和科学》一书中曾指出，出版社的决策和活动是深受一群才华横溢的作者所影响的，作者是出版社的力量和源泉。的确，文学创作是一项神圣的职业，从事这项事业的人不仅需要具有丰富的生活阅历和人生体验，而且需要具备良好的文化素养和艺术修养，以及对社会生活独到而深刻的感悟力、洞察力、思考力。按照当代社会学家布迪厄的观点，作者在文学场中占据更多的是文化资本、符号资本或象征资本，具有创作主体性和自主性，而出版社、书店等则是文学场域的主要活动者。从某种意义上说，一部文学作品之所以能够成为畅销书，正是源于隐含在作品中作者的智慧才情及其个

①王晓明等：《旷野上的废墟》，《上海文学》1993年第6期。

性魅力。

畅销书的运作不只是图书本身。作者资源亦是不可忽略的畅销元素，因为畅销书所面临的问题，最终是"人"的问题。在文学的传统生产场域中那种作者与出版社之间的稳定的依存关系抑或忠诚度在当下正在被市场经济的浪潮无情地解构着，经历着激变和断裂。在市场经济语境中，随着中国文学生产方式和存在形态的转型，文学图书的存在景观和出场方式也发生了巨大变化，作者队伍也走向分流。随着文学场域中心权力的转移，以及出版界从以生产为本位的计划机制逐渐向以消费为本位的市场机制过渡，作家的合法性地位遭到了消解。出版社已从生产型向生产经营型转变。出版人在与作者群体主动的或被动的交往对话中，需要使作者拥有的、常常具有隐蔽性的"象征资本"参与到畅销书文学话语的建构中去，按照一定的"畅销书逻辑"实现着经济资本、社会资本，以及文化资本的相互转换，以期求取在这一生产场域获得最大化的价值实现的可能。仅凭情感上的热爱或叹惜是难以走出这种困境的，如何从战略的高度来重构作者资源，是摆在出版社面前的复杂的、综合性很强的问题。目前文学出版界的现状是，出版社与作者资源的关系是松散的，对现有作者资源的取得是有限的，每个作者被整合进畅销书产业中的方式也是不尽相同的。具体而言，主要呈现为三种关系样态。其中以鲁迅、钱锺书、张爱玲等人为代表的已逝经典作家，凭借其突出的创作成就依旧是诸多出版人关注的热点。其作品内蕴的主体精神、情感体悟、价值追求和文化品位使传统畅销书的风景线得以不断延伸。在现世的有限的畅销书作家资源中，我们熟知的为数不多的一些名家，如余秋雨、铁凝、王安忆、余华、二月河、贾平凹、刘墉、海岩、王朔、池莉、麦家等等，凭借其较高的艺术价值取向和较深的文化底蕴及独特的艺术风格为广大受众所认同和喜爱，拥有着相对固定的读者群和影响力。由于作者资源在很大程度上是按照读者的阅读需求来厘定的，被读者认同或公众广泛接受的一些作家遂被出版社视为"上帝"，成为争夺的目标。在这当中不可避免地存在着用审美自由交换经济利益的现象。上述资源的博弈在当下已愈演愈烈，同时也内蕴着消耗殆尽的危机。以韩寒、郭敬明、张悦然、安妮宝贝等年轻一代为代表的"青春文学"创作群体，随着其在文化市场中形象的成熟和独特的占位，他们已不再依附或投奔任何出版社，而正在尝试以个体独立化的方式，或组织文学工作室，或自主经营具有时尚性的刊物，探求一种特立独行的生存风格。

第二，为文学畅销书营造一个良好的发展环境，探求适合文学类畅销书的研究范式，已成为学界和出版界当下关注的重要课题之一。其中对作者资源的开发和扶持，体现了出版界力求发展的努力，也是对原创出版资源的激励和保护。据相关资料介绍，在欧美一些出版社的大厅里，给人印象最深的不是办社理念之类的条幅、文字，而是该社所拥有的作者的大幅肖像。而当下我国作者资源的非专属性以及稀缺性的现状，严重制约着畅销书的发展模式。曾几何时，出版社被一个庞大的文学作者群落所包围，作者资源占据着赋予作品意义和价值的根源地位。在反思和开拓中，首先，需要认清作者资源趋于分野和分流的现实，重置作者资源。在市场经济语境中，作者资源的价值可以体现为诸多方面，如名人效应价值、品牌效应价值、明星效应价值等等。畅销书的运作是需要依靠具体行动者的努力的，行动者的可行能力是成功的关键因素之一。从文学出版发展战略的高度来看，使畅销书成为"常销书""品牌书"，需要我们准确定位，给作者资源注入新的理念、新的内涵。美国人艾尔·莱斯和杰克·特劳在《定位时代》一文中指出，"定位"并非对产品采取什么行动，它是一种针对现有产品的具有创造性的思维活动。对于畅销书生产者而言，"定位解决的是出版社做什么的问题，它确定了出版社发展的方向和目标，是一家出版社发展成功的前提"[①]。文学畅销书是涉及多种因素的复杂现象，准确的定位来自出版人依托自身资源优势，从理论上观照和在实践中探索畅销书生产、制作的规律，对眼花缭乱的畅销书市场以及作者资源进行科学考察和准确鉴别。

根据经营目标和市场定位，出版人需要更新"轻作者重选题"的观念，

[①] 贺圣遂：《从出版定位出发做好编辑创新》，《中国出版》2006年第11期。

以及长久以来的"来料加工"式的自身角色。在针对潜在读者的心理采取行动、作者资源如何配置的最佳途径的探寻中，主要涉及用既定的资源生产什么、如何生产、为谁生产三个基本维度。这就需要用心去感受作者的写作状态，理解和尊重作者的创造活动，研究文学的生产规律。文艺社会学家罗贝尔·埃斯卡尔皮认为出版者一方面要充当"助产士"，而这"仅仅是出版者的主要功能"。另一方面，出版者还是"产前顾问、对亲生儿操生杀大权的法官（甚至是非法堕胎者）、保健医生、教师、裁缝、指导者等，甚至是奴隶贩子"①。可以根据年龄阶段、生活阅历、作者特长、创作风格、地域分布等方面细分作者的创作情况，也可根据不同时期畅销书市场的需要有组织地调配、调整资源结构。在力求保证不同层次需求的作者资源的合理分布的同时，出版人独特的市场角色使他可以在文化服务各部门之间以及更广阔的领域为作者创作寻求文化资源要素，通过吸引作者、保留作者、发展作者，在更大范围内进行资源的合理组合配置，进而充实和提高畅销书再生产的文化品位和规模。

原创性是畅销书的生命所在。没有独具的文学想象力和持续的创造力，畅销书有如风飘杨絮。因为畅销书的生命力在于不断创新和彰显个性，成功的畅销书其实是一种创意产业。财富的源泉蕴藏在作者资源的创造精神、创新能力当中，这也是打造畅销书经典价值的必由之路。而当下文学出版领域的原创性不足已是一个显在的事实，营销策略的意义已大于文学独创性以及思想上的创榛辟莽。当然，为了使创意创新之苗早日开出灿烂的产业之花，是需要出版部门精心呵护并加强人力投资的。诺贝尔经济学奖获得者詹姆斯·赫克曼等一批美国经济学家和企业家曾一致认为，人力投资是中国经济最薄弱的环节，中国的企业最需要的是重视学习。詹姆斯·赫克曼提出，人力投资的回报率高达 30%—40%，而物质投资的回报率只有 20%。而所谓人力投资，归根结底就是智力投资、文化投资。国外许多出版社往往把自己培

---

① 罗贝尔·埃斯卡尔皮：《文学社会学》，符锦勇译，上海译文出版社，1988，第71页。

养和拥有多少优秀的作者当作自己的资本，在选择、培养、争夺优秀作者方面的投入，常常是相当可观的。未来出版业的竞争，将体现为"出版文化"的竞争。一个好的文化企业在某种意义上说也是一座学校，一个独立的精神策源地。在投入人力、物力、财力培养作者的过程中，需要具备作者品牌意识。品牌的效应可以使文学读者与出版社、与作者形成回香久远的情感联系。目前我国的出版业已由产品竞争、资本竞争阶段上升到品牌竞争的阶段。在文化市场中，谁具有红遍各地的品牌形象，谁就会拥有长久不衰的市场占有率。品牌战略决策是一个宏观的框架，贯穿生产、流通、消费等整个过程。在这当中，将作者作为出版社的品牌来塑造和经营，仍不失为一种有效的品牌化方式。据相关资料显示，一般情况下，作者的知名度占市场份额的 50%，作品的内容占 50%。和西方一些国家相比，国内出版界还缺乏一整套完善的作家品牌打造、包装制度，畅销书作家的原创队伍也不够庞大。在当下，余秋雨、贾平凹、二月河等人早已成为一些出版社的金字招牌。作者的品牌运作不只是一种独立的经营，更是一种理念、一种思路、一种模式，它渗透、贯穿于畅销书生产的全过程。通过品牌的优势来参与竞争，从创意、创新追求到精品化、品牌化的战略设计，其本质的精神不只在于品牌效益本身，更在于通过"创作"与"经营"的全面实现，提升文化感召力，构塑具有良好知名度、美誉度的出版人形象。

著名女作家王安忆曾有如此感慨："对现在年轻作者'快产'的状态，出版社要负很大的责任，他们把文学放到流水线上生产了。写作就像打毛衣，是一针一线织出来的，'产业化'不能用在文学上。同时，她还认为，文学是需要积淀的，演艺界的'出名要趁早'理论不一定适合文学创作。"[①]通常来说，无论是作者品牌还是图书品牌，无论是品牌的爆炸效应还是链条效应，其形成均需要持久不懈的努力，都是以时间的积累为基础的。对于一个文化出版部门来说，在实现财富创造的目标的同时，还要实现人的全面发

---

① 王安忆：《作家王安忆评价"快产书"》，《羊城晚报》2004年8月17日。

展的目标。而出版者在现代组织行为学要求组织在发展自身的时候，要考虑到组织对社会系统所发生的或将要发生的种种影响并加以权衡，最终目的是把人的发展目标、组织的目标和社会的目标统一在共同的现实的基础上。从这个意义上说，畅销书的创造与跟进，再创造与再跟进，需要出版者具有长远眼光和战略思维。"有时候好概念也会被这种急功近利所破坏。这个问题主要在出版商身上。为什么很多作者昙花一现？为什么很多作品都是狗尾续貂？出版社在这其中进行的操作上是大有问题的。"[①]这是人民文学出版社的一位编辑在一次访谈中直言不讳地指出的，同时这也是出版界的一种普遍现象。的确，对作者资源的使用和挖掘不能仅仅止步于急功近利的经济价值，中国式的"畅销书"需要兼收并蓄，需要构建一种长效机制，不断积蓄，致力于做大做强的目标。

从某种意义上讲，文学出版的竞争，不仅是市场份额的竞争，也是作者资源的竞争。相对而言，文艺出版社的出版资源是颇为有限的。文学创作首先是一种纯粹的个体行为，一种尤为可贵的真正的创造性劳动。出版社若缺少优秀的作者队伍，不能掌握这一畅销书运作的上游资源，畅销资源和营销资本将难以持续。但作者资源是一种特殊的、不可替换的资源，也是一种可重复使用、可再生的资源。而出版市场对于畅销书名家效应的诉求，已使得许多作者"被迫"高产。某些出版社既有的功利和浮躁则助长了作者的低水平重复。"宗教思想、道德思想、实践思想、美学思想也必须由强有力的社会集团承载，才能产生强大的社会作用。……要想在社会中不仅找到其在精神上的存在，而且找到物质上的存在，就必须将这些思想制度化。"[②]在对作者资源积蓄拓展的同时，进行相关的制度化建设，不失为长期、稳定地把握畅销书生产经营主动权的重要路径。在这方面，可以创立广泛的作者资源库，成立发掘作者资源的专门机构，提供作者资助基金，建设制作基地。

---

① 李瑛、张守刚：《"80后作家"：我们不是明日黄花》，《北京娱乐信报》2004年7月12日。

② 格尔兹：《文化的解释》，纳日碧力戈等译，上海人民出版社，1999，第359页。

抑或形成自己的签约作者队伍、组织畅销书工作室等。在团结老作者的同时，也要积极挖掘和培养真正有创作潜力、市场潜质的文学新人和年轻作者。因为作者不是天赋的，文学创作的能力是通过具有投资属性的活动逐渐培养起来的。而一批新作者的发现和成长，将会拉动更多崭新风格畅销书的产生，拓展畅销书的生存空间，进而丰富和提升读者大众的精神世界和文化艺术素养，实现人类社会的全面发展目标。

第三节　"纯文学观"的反思

一、雅俗文学的区分本来就是一个相当模糊的概念

伴随着文学的发展与提升，雅俗两者在不停地相互转化与融合，从雅俗分赏到雅俗共赏，有历史的机缘，也有作家们的自觉选择。在中国初步市场化的时代，文学畅销书的出现见证了这些往昔的奋斗与辉煌。"经典"之所以成为"经典"，是一种人为的转化过程，其中体现着在特定历史进程中某些特殊力量对于文化和文学发展的控制。两种看似对立的观点实际上提供了观察经典的内外两个视角，因此，衡量某一文学作品是否能成为经典，至少应该从文学作品内部价值及外在评价两个层面来看。20世纪90年代以来文学中的一些畅销作品无论从文学内部，还是从外部都具备了进入经典的条件。从本体特征看，经典作品一般都是原创性文本与独特性阐释的结合。同时，在价值上成为民族语言和思想的象征符号，体现着一个国家和民族文化承传的内在需要。比如《狼图腾》《尘埃落定》《秦腔》《长恨歌》《平凡的世界》《白鹿原》《废都》等作品都是如此。

文学畅销书是具备艺术和商品双重属性的精神产品。从积极方面看，在文学市场上没有引起任何反响的作品不可能成为经典，文学经典作品必然在文学畅销书中产生。当前，在文学市场上通俗文学所占比重越来越大，使批评家和许多严肃作家忧心忡忡，发起针对通俗文学的一浪又一浪的批评，

把文学日益庸俗化和粗鄙化的原因都归结为通俗文学的流行。这种放大通俗文学中的娱乐、低俗和消遣性，抹杀通俗文学中审美性的做法，引起通俗小说作家或畅销书作家的强烈不满，纷纷撰文进行反击。如韩寒对白烨责骂，他写的《文坛是个屁，谁也别装逼》一文发表在《少年作家》（青春男女生）2006 年第 6 期。通俗文学真的是阻碍当代文学的障碍吗？真的是文学中的一颗大毒瘤，必须清除吗？文学作品在市场中成为畅销书就低俗了吗？显然不是这样。

当代文学处于正常发展的状态，如果对当代文学采取"不及物"的评价方式，那么影响着对当代文学的正确判断，必然出现质疑与否定的声音。"中国近现代通俗文学是指以清末民初大都市工商经济发展为基础得以滋长繁荣的，在内容上以传统心理机制为核心的，在形式上继承中国古代小说传统的模式的文人创作或经文人加工再创造的作品；在功能上侧重于趣味性、娱乐性、知识性和可读性，但也顾及'寓教于乐'的惩恶劝善效应；基于符合民族欣赏习惯的优势，形成了以广大市民层为主的读者群，是一种被他们视为精神消费品的，也必然会反映他们的社会价值观的商品性文学。"① 如果把通俗文学中的趣味性、娱乐性与纯文学的庄重、严肃乃至审美性进行比较是不及物的评价，如果把当代文学中低端产品与现代文学中的精品比较是不及物的评价，如果把当代文学与古典文学进行比较是不及物的评价。那么这样的比较而得出的结论自不待言。人类历史进入 90 年代之后，中国社会发生了重大转型。20 世纪 90 年代之前，整个社会的价值观和审美观还是相对统一的。90 年代以来，尤其是今天，价值观和审美观多样性已经成为不争的事实，致使文学评价多样化了，标准不统一了，评价结果自然迥异。我们畅想的伟大时代已经到来，但没有取得预期所要实现的目标，于是失落、怨恨、责难随之而来。"'80'年代呼喊的'反传统'文化策略，在 90 年

---

① 钱理群、温儒敏、吴福辉：《中国现代三十年》（修订版），北京大学出版社，1998，第79页，转引范伯群：《〈中国近现代通俗作家评传丛书〉总序》，《中国近现代通俗作家评传丛书》（1—12），南京出版社，1994，第1—2页。

代已自行瓦解，'传统'在世俗化的大潮中已构不成对峙性的力量，人们迅速抛弃了所有传统，整合社会思想的中心家，也不得不以无奈的语调发出'无法整合的现实'慨叹。"[①]"90年代批评的失语症现象，情绪焦灼、记忆焦灼、认识焦灼、尊严焦灼。"[②]人们在最初美好的理想破灭后，情绪失落、内心焦虑。在这样社会语境中，在任何领域里，都很难形成统一的评价标准。

90年代以来，在商业大潮冲击下，意识形态坚硬的外壳已软化、松动。虽然这对当代文学发展有着积极推动作用，但负面影响也愈加明显。我们坚持文学的人文关怀和人生探索精神，坚持文学的社会批判和精神救赎功能，坚持思想启蒙和精神关怀的职能。更要相信我们的作家心中对文学那份真实的敬畏之心、责任感和良知，相信大众审美能力和水平。文学类畅销书作为具有时代标志性质并折射出时代精神走向的重要文化景观，保持文学畅销书的物理温度，追求思想深度和审美高度是文学生长和前行中的激情与希望。

二、马列文论是当代发展的哲学基础

伴随着历史的转型，中国在社会、历史、政治、经济、文化等诸多方面都发生了深刻的变化。马列文论因其开放的先进的思想体系，显示出旺盛的生命力，其最大特色之一即"通过独立的研究必然可以掌握它甚至创造它"[③]。马克思主义的世界观、实践论和方法论为观察当代文学错综复杂的现象，考察当代文学的产生、存在和发展，提供了科学依据和宏阔的理论视野。

依据时代和文学艺术的发展而不断提升与丰富，是马列文论特有的思维品格。创构具有中国特色的马克思主义文学理论的当代形态是时下理论界广泛探讨的一个重要课题。在这当中，多数研究者都会自觉或不自觉地首先涉及马列文论的哲学基础问题。因为我们不难发现，任何一个时代的文学实

---

① 孟繁华：《众神狂欢》，今日中国出版社，1997，第13页。
② 张福贵等：《二十世纪中国文学的文化审判》，时代文艺出版社，1999，第304—318页。
③ 卢卡契：《审美特征》，徐恒醇译，中国社会科学出版社，1986，第5页。

践及其理论界说，大都有深厚的哲学背景作为依托。也就是说，特定的哲学基础对于建构特定的理论体系具有重要意义。各家各派，如我国先秦时期的儒家、道家，古希腊的柏拉图、亚里士多德等，无论其具体观点如何，他们都是依凭一定的哲学基础和逻辑出发点来支撑整个理论建构的。

马列文论是以马克思主义哲学为其理论基点的，这是不争的事实。为了研究的具体需要人们通常把马克思主义哲学分为三大部分，即作为本体论的辩证唯物主义和历史唯物主义、作为认识论的唯物论的反映论和实践论，以及作为方法论的唯物辩证法。马克思主义哲学关注人类世界、现存世界，关注现实的人及其发展。马列文论在中国的传播与发展，首先是与中国先进知识分子探求启蒙救亡的革命真理联系在一起的。所以以往的中国化的马克思主义文学理论研究，多是从历史唯物主义和唯物反映论的角度出发的。在文学理论的观念系统中则具体表现为对文学是社会生活的反映的认定，注重文学的社会功利价值，等等。此种理论基点确实较好地适应了五四以来中国社会的变革需求以及文学现代转型发展的内在要求，积极推动、引导了文学艺术为时代的迫切课题效力。但如果我们在当代社会仍停留于这种认识论的思维模式，忽视在其他方面做出更深入具体的研究，就很难使中国马克思主义文学理论保持旺盛活力。当然，从广义上讲，将历史唯物主义或唯物反映论作为马克思主义文学理论的基础是完全正确的。但由于历史唯物主义是一个庞大的思想体系，其理论内容多是从宏观角度对人类社会的基本规律的把握，缺少对人的具体存在的剖析。反映论的文学本体观说明了思想意识的来源，却无法确切说明审美关系的本质。当涉及文学的某些特殊性质，特别是主体感受性、创造性特征以及文学的审美特质等问题时，总是显得有些隔膜和笼统。因为文学艺术毕竟不只是认识，或者说主要不是认识，而是审美创造，是带有实践性的精神生产。当代复杂多变的文学现象，此起彼伏的文学思潮，使我们的理论建设须不断寻找新的生长点，提出并回答各种文学问题。崭新时代之文化状况，呼唤着具有阐释效力的理论话语的生成。

从马克思主义学说本身的理论内涵与基本精神来看，认识论与唯物反映论固然是其重要内容，但马克思主义哲学并未仅限于此。马克思没有满足于只是从精神与物质的自然关系上坚持唯物主义，而是把精神与物质关系推进到比前者更为深刻的社会性关系，即人与客观世界的实践关系。马克思把生产实践的观点引到人的存在的全部领域，一切人为活动，都可以从人类的生产实践中寻找其终极根源。同时，承认实践主体的作用，承认人的自主性是进行真正的创造历史活动的前提，因为人不仅是"感性的存在"，更重要的是"感性的活动"，是与客体发生对象性关系的，进行改造世界的创造性实践活动的人。本书以为，着眼于人的实践活动，以及作为实践主体的人，无疑会推动理论的转换与更新。因为作为观念形态的文学艺术尽管是对社会生活反映的产物，但是，谁来反映，反映什么，以及反映何以发生和发展，这就必须从一般的本体论的物质与精神关系的分析，过渡到实践活动中的主体与客体及其关系的研究了。

文学艺术与世界的关系问题，是古今中外的艺术家、理论家们所共同需要面对的一个基本的话题。通常来说，人类通过对外部世界的改造，实践地或观念地把外部世界变成人的世界，用以满足人自己的生存发展的需要，满足人的全面的物质需要和精神的审美需要。在人对世界的这种关系中，历史地产生了人对自然、社会生活以及人本身的种种掌握形式，其中文学艺术也是人掌握世界的一种方式。当人在实践基础上作为主体与客体发生关系时，既有物质的掌握，即实际地改造物质世界，又有精神、艺术的掌握，即创造精神、艺术世界。不论是物质实践还是精神的审美创造，都是主体与客体相互作用的产物，都是人的对象化活动。现实的人的实践，在对对象进行符合有用形式改造的同时，也会自觉不自觉地出于审美的需要，使对象世界的自在形式不仅向有用的形式，而且向审美的形式转化。植根于人类实践的文学活动，正是人本身的一种精神性的高级审美活动。文学艺术的创造正是作家在实践的基础上把自己的个性、生命，自己的审美需要、情感与理想灌注到对象客体中去，在自由自觉的状态下，使主体客体化，客体主体化，并在物我交融的体验与感受中，在观念中创造出新的艺术形象，再通过对象化和物质手段，创造出超越现实的新客体，也就是文学作品。它具有客观反映性与主体建构性双重特征，也就是说是反映性的建构与建构性的反映的有机统一。此外，在这里我们也可以看出文学艺术活动与一般意义的实践活动的区别，这主要表现在它在本质上不是一种主客体的物质交换活动，不具有直接的物质现实性，它常常作为实践活动的一种特殊方式而存在着。简而言之，立足于马克思主义哲学实践论这一理论基点，可以使我们不仅坚守了物质第一性之哲学原理（马克思曾鲜明地把实践确定为"客观的物质活动"），而且有助于从主体性方面，从人的审美活动的意义上更确切地呈示文学的特征和价值等问题。

马列文论的当代发展，同时还离不开与其实践论哲学密切相通的丰富的人学思想。实践唯物主义与其他哲学的不同之处，在于它是以科学的实践观为基础，从人自身的活动去理解"人"，把握人的本质与规定性。文学艺术与社会生活的关系，归根结底是文学艺术与人的关系。人无疑是文学的出发点、扭结点和归宿。正是在这个意义上高尔基称文学是人学。但文学是如何表现人、它所表现的"人"的本质规定性究竟为何，却是一个值得我们不断开展探讨的问题。马克思主义人学观以"现实的个人"为思想起点，视"自由自觉"为人的生命活动特性，以"人的解放和自由全面发展"为理想目标与价值尺度。个人"在其现实性上，它是一切社会关系的总和"为马克思对人的本质特性的基本规定。的确，个人的活动不可能是彼此孤立进行的，须结成一定的社会关系，"社会关系的含义在这里是指许多个人的共同活动"[①]。"这一方面揭示了人是在社会实践基础上的自然、社会、精神的矛盾统一体，另一方面又揭示了人是一种合规律性与合目的性相统一的存在。"[②] 人为了满足自己的生存和发展的多种多样的需要，就必须对客观世界进行物质的和精神的审美改造。人在实践中改造世界时，总是处处把自己的需要、尺度运用到对象中去，使实践活动朝着既符合客观事物的尺度规律，

---

① 马克思、恩格斯：《德意志意识形态》，《马克思恩格斯选集》第1卷，中共中央马克思恩格斯列宁斯大林著作编译局编译，人民出版社，1995，第80页。

② 马龙潜：《对文艺与生活关系的再认识》，《文艺报》2001年12月4日。

又符合主体人的需要和目的的方向进行。实践和改造创造出了在现实社会生活中不存在的新的价值，并逐渐积淀为人类的物质文明与精神文明。可见，人的物质存在与精神存在，以及合目的与合规律性存在的统一，构成了人作为"社会关系的总和"这一论断的主要内涵。而文学艺术作为人对自身的情感体验与审美观照，即是以反映人的这种总体存在方式为自己存在的本体的。那种偏离实践活动这个基本出发点，对人的存在方式或是自然性的，或是精神性的，或是社会性的等单一方面的理解，以及由此而产生的从整体中抽象出来的关于文学某一方面的规定，如或是生理心理论的，或是政治论的等理论界说，虽然有其一定的理论建树，却也仅是对作为人学的文学艺术的某一个部分、某一层次的把握。当下的一些写作者在标榜个人的合法性时过分张扬生命的自然性成分的文本实践，即为某种理论偏向的印证。当然对此我们也不要采取简单否定的态度，而应该用马克思主义的观点和方法从整体着眼，对不同的观点加以分析研究综合处理，用来弥补我们现有理论的某些不足，从而使我们对文学艺术的认识得以丰富和发展。马克思主义从某种意义上可以说是一种从现实的个人出发，批判地考察个人与其现实生存条件，从而指出个人终将从现存的生存条件解放出来，达到自由个性的社会科学学说。马克思的"人的解放与自由全面发展"的人学思想价值目标，主要包括"人身"的解放和"人性"的解放两个方面。[①]从我国的历史实践来看，20世纪前半期主要以社会革命的方式，使人民群众从不合理的社会制度中基本解放出来以获得"人身"自由。历史发展到今天，市场经济带来了以往时代难以想象的社会景观与人文景观，现代化进程与社会生活的多元拓展已为人性的充分发展、人的主体选择、文化创造等提供了更为广阔的自由空间。此种历史时代语境为马克思主义哲学的实践理论与人学思想的全面展开铺就了现实基础，也为马列文论体系的完备与深化提供了强劲的动力。

---

① 陈传才：《文艺学百年》，北京出版社，1999，第327页。

结语　文学畅销书的新纪元

　　人类社会发展已进入新世纪十余年，文学畅销书作为文学市场化繁荣发展的重要标志，经过 20 年市场化道路已使其运作机制日渐成熟。"文学出版的兴衰，其实也正是文学的兴衰。"[①]因此，本书选取 20 世纪 90 年代以来的文学畅销书生产作为视角，考察当代文学发展现状、内部运行机制、外部特征。在畅销书市场化的进程中，"高雅"与"通俗"、"审美性"与"世俗性"之争是理论界和学界争论焦点，如 1993 年至 1995 年"人文精神"大讨论、2001 年的"纯文学观"的反思、2009 年出现的"垃圾说""低俗说"等等文学事件，都是因通俗文学在文学市场的占尽风头使许多批评家感到忧心忡忡而引起的。尽管这种争论言犹在耳，但文学市场化已经全面进入实践之中，是中国当代文学已经发生的不可逆转的文学事件。

　　从文学史的角度来看，文学畅销书引起批评界和研究者的关注，而进入文学史，这也是畅销书和当代文学经典化抑或历史化必经之路。"文学史家应该集叙述与评价于一身，就'史'与'论'来说，文学史家是必须承担连带责任的。"[②]21 世纪以来，有多版本的当代文学史著作出版，如孟繁华和程光炜的《中国当代文学发展史》（修订版）（2011 年），孟繁华的《中国当代文学通论》（2009 年），陈思和的《中国当代文学史教程》（第二版）（2010 年），吴秀明的《当代中国文学五十年》（2004 年），洪子诚的《中国当代文学史》，贺绍俊、巫晓燕的《中国当代文学图志》等所列的90 年代重要作家作品，其中有一批是文学畅销书，如莫言、贾平凹、王蒙、

---

① 李瑞腾：《前言》，摘于封德屏主编《台湾文学出版——五十年来台湾文学研讨会论文集（三）》，闻讯杂志社，1996。转引：雷丹《观察文学场域》，《文学评论》2002 年第 3 期。

② 张福贵：《关于中国现代文学史研究的范式问题》，《文艺争鸣》2003 年第 4 期。

路遥、陈忠实、铁凝、余秋雨、王朔等人的作品。还有的把青春文学、网络文学、"布老虎丛书"运作等列为专章进行评述。"畅销书""畅销文学"等概念已经写入文学史叙述中。在畅销书概念下，通俗文学和纯文学或高雅文学并不是绝对对立的，我们要在提升通俗文学的审美品位和加强纯文学的故事性、娱乐性来共同打造文学畅销书，这是当下文学发展的现实选择。其实在畅销书的历史化过程中，文学生产与文学接受处于一个逆向发展过程，畅销书生产是渐渐加入畅销因素，文学接受是逐渐淘洗外在的非文学的畅销因素，核心是精神的、文学的，并且被读者所铭记。

21世纪以来，文化产业取得重大进展，文学畅销书产业蓬勃发展。2009年11月，复旦大学中文系将正式招收创意写作（文学写作）方向的艺术专业硕士（MFA），走培养作家的道路。2009年4月，葛红兵的"文学与创意写作研究中心"成立、青春文学和网络文学的团队制作等为图书出版业、动漫产业、影视产业、报刊业、新媒体业等所有文化产业提供具有原创力的文学作品，文学写作在文化产业振兴中发挥自己的核心作用。[1]"学术研究只要凭兴趣所至或生存需要，不违背学者良知就是有价值的。研究者不一定把真话都说出来，但是保证不说假话就足够了。而所谓学术的永久生长点也就自然发生于此。"[2]90年代以来文学畅销书市场繁荣景象，有可能降低了一些作家作品的精神格调和审美品性，但不是文学整体的堕落，文学堕落只是假象，不能用杂多的最低水平文学作品来衡量当代文学整体状况，最高水平的文学作品所体现的文学创作水平才是衡量这个时代的文学水平的标准。在此基础上，我们有理由相信21世纪文学进入了政治、世俗、审美三元共存的审美之旅后，将迎来畅销文学新纪元。

---

[1]葛红兵：《文坛三分格局的形成和文学作为创意产业的新变》，《探索与争鸣》2010年第1期。

[2]张福贵：《关于中国现代文学史研究的范式问题》，《文艺争鸣》2003年第4期。

参考文献

[1] 特里·伊格尔顿. 马克思与文学批评 [M]. 北京：人民出版社，1980.

[2] 拉曼·塞尔登. 文学批评理论 [M]. 刘象愚、陈永国等译，北京：北京大学出版社，2003.

[3] 皮埃尔·布迪厄. 艺术的法则——文学场的生成和结构 [M]. 刘晖译，北京：中央编译出版社，2001.

[4] 马克·波斯特. 第二媒介时代 [M]. 范静哗译，南京：南京大学出版社，2001.

[5] 瓦尔特·本雅明. 机械复制时代的艺术作品 [M]. 王才勇译，北京：中国城市出版社，2002.

[6] 道格拉斯·凯尔纳、斯蒂文·贝斯特. 后现代理论批判性质疑 [M]. 张志斌译，北京：中央编译出版社，2004.

[7] 阿兰·斯威伍德. 大众文化的神话 [M]. 冯建三译，上海：三联书店，2003.

[8] 约翰·费斯克. 理解大众文化 [M]. 王晓珏、宋伟杰译，北京：中央编译出版社，2006.

[9] 罗贝尔·埃斯卡尔皮. 文学社会学 [M]. 符锦勇译，上海：上海译文出版社，1988.

[10] 雷蒙德·威廉斯. 文化与社会 [M]. 吴松江、张文定译，北京：北京大学出版社，1991.

[11] 詹明信. 晚期资本主义的文化逻辑 [M]. 张旭东编，陈清桥等译，上海：

三联书店，1997.

[12]戴安娜·克兰.文化生产：媒体与都市艺术[M].赵国新译，江苏：译林出版社，2001.

[13]迈克·费瑟斯通.消费文化与后现代主义[M].刘精明译，江苏：译林出版社，2000.

[14]伊格尔顿.美学意识形态[M].王杰等译，广西：广西师范大学出版社，1997.

[15]杰罗德·R·杰肯斯、马丁·林克.畅销书内幕[M].冯利译，天津：天津人民出版社，1998.

[16]伯格.通俗文化、媒介和日常生活中的叙事[M].姚媛译，南京：南京大学出版社，2000.

[17]安吉拉·默克罗比.后现代主义与大众文化[M].田晓菲译，北京：中央编译出版社，2001.

[18]汤林森.文化帝国主义[M].冯健三译，上海：上海人民出版社，1999.

[19]波德里亚.消费社会[M].刘成富等译，南京：南京大学出版社，2000.

[20]戴维·莱恩.马克思主义的艺术理论[M].艾晓明等译，湖南：湖南人民出版社，1987.

[21]丹尼尔·贝尔.资本主义文化矛盾[M].严蓓雯译，江苏：江苏人民出版社，2007.

[22]尤根·哈贝马斯.公共领域的结构转型[M].曹卫东译，上海：学林出版社，1999.

[23]约翰·苏特兰.畅销书[M].何文安译，上海：上海文化出版社，1998.

[24]孟繁华.众神狂欢——当代中国的文化冲突问题[M].北京：今日中国出版社1997.

[25]张福贵.惯性的终结——鲁迅文化选择的历史价值[M].长春：吉林大学出版社，1999.

[26]洪子诚.中国当代文学史[M].北京：北京文学出版社，2010.

[27] 孟繁华 . 中国当代文学通论 [M]. 沈阳：辽宁人民出版社，2009.

[28] 夏志清 . 中国现代小说史 [M]. 上海：复旦大学出版社，2005.

[29] 孟繁华、程光炜 . 中国当代文学发展史 [M]. 北京：北京大学出版社，
2011.

[30] 郭艳 .21 世纪中国文学大系 2007 年青春文学 [M]. 沈阳：春风文艺出版社，
2008.

[31] 陈顺馨 . 中国当代文学的叙事与性别 [M]. 北京：北京大学出版社，
1995.

[32] 白烨 .21 世纪中国文学大系 2008 年青春文学 [M]. 沈阳：春风文艺出版社，
2009.

[33] 王彬彬 . 文坛三户 [M]. 河南：大象出版社，2001.

[34] 吴秀明主编 . 中国当代文学史写真 [M]. 浙江：浙江大学出版社，2002.

[35] 贺绍俊、巫晓燕 . 中国当代文学图志 [M]. 沈阳：春风文艺出版社，
2009.

[36] 李春雨、杨志编著 . 中国现代文学资料与研究 [M]（上）. 北京：北京
师范大学出版社，2008.

[37] 刘勇 . 中国现代文学研究的视域与形态 [M]. 北京：北京师范大学出版社，
2008.

[38] 邵燕君 . 倾斜的文学场—当代文学生产机制的市场化转型 [M]. 江苏：
江苏人民出版社，2003.

[39] 洪子诚 . 问题与方法 [M]. 上海：三联书店，2002.

[40] 谢冕 . 文学的绿色革命 [M]. 贵州：贵州人民出版社，1988.

[41] 李建军 . 时代及其文学的敌人 [M]. 北京：中国工人出版社，2004.

[42] 余英时 . 现代危机与思想人物 [M]. 上海：三联书店，2005.

[43] 孟繁华 . 文化批评与知识左翼 [M]. 吉林：吉林出版集团有限责任公司，
2009.

[44] 旷新年 . 写在当代文学边上 [M]. 上海：上海教育出版社，2005.

[45] 张冬梅 . 艺术产生化的历程反思与理论诠释 [M]. 北京：中国社会科学出版社，2008.

[46] 钱理群、温儒敏、吴福辉 . 中国现代文学三十年 [M]. 北京：北京大学出版社，1998.

[47] 丁宗皓主编 . 重估中国当代文学价值 [M]. 沈阳：春风文艺出版社，2010.

[48] 范伯群、孔庆东主编 . 通俗文学十五讲 [M]. 北京：北京大学出版社，2003.

[49] 陈贵山主编 . 中国当代文学思潮 [M]. 北京：中国人民大学出版社，2002.

[50] 叶志良 . 大众文化 [M]. 上海：上海文艺出版社，2003.

[51] 程帆 . 我听钱锺书讲文学 [M]. 北京：中国致公出版社，2002.

[52] 戴锦华 . 隐形书写——90 年代中国文化研究 [M]. 江苏：江苏人民出版社，1999.

[53] 林建法 . 21 世纪中国文学大系 2008 年文学批评 [M]. 沈阳：春风文艺出版社，2009.

[54] 张文红 . 畅销书—理论与实践 [M]. 北京：中国传媒大学出版社，2011.

[55] 游友基 . 中国社会小说通史 [M]. 江苏：江苏教育出版社，1999.

[56] 孟繁华 . 游牧的文学时代 [M]. 北京：作家出版社，2009.

[57] 陈思和主编 . 中国当代文学史教程 [M]. 上海：复旦大学出版社，2010.

[58] 熊元义 . 中国作家精神寻根 [M]. 北京：人民出版社，2005.

[59] 陈平原 . 文学的周边 [M]. 北京：新世界出版社，2004.

[60] 胡玉伟 . 文学：历史与现实 [M]. 黑龙江：黑龙江人民出版社，2007.

[61] 范伯群 . 中国现代通俗文学史 [M]. 北京：北京大学出版社，2007.

[62] 林建法 . 21 世纪中国文学大系—2004 年文学批评 [M]. 沈阳：春风文艺出版社，2005.

[63] 熊元义 . 眩惑与真美 [M]. 北京：新华出版社，2005.

[64]吴秀明 . 当代中国文学五十年 [M]. 浙江：浙江文艺出版，2004.

[65]王晓明 . 人文精神寻思录 [M]. 上海：文汇出版社，1996.

[66]戴锦华主编 . 书写文化英雄—世纪之交的文化研究 [M]. 江苏：江苏人民出版社，2000.

[67]王岳川 . 中国镜像——90 年代文化研究 [M]. 北京：中央编译出版社，2001.

[68]南帆 . 双重视域——当代电子文化分析 [M]. 江苏：江苏人民出版社，2001.

[69]朱立元主编 . 新时期以来文学理论和批评发展概况的调查报告[M]. 沈阳：春风文艺出版社，2006.

[70]温儒敏、赵祖谟主编 . 中国现当代文学专题研究 [M]. 北京：北京大学出版社，2002.

[71]洪子诚、孟繁华主编 . 当代文学关键词[M]. 广西：广西师范大学出版社，2002.

[72]董健、丁帆、王彬彬 . 中国当代文学史新稿 [M]. 北京：人民文学出版社，2005.

[73]黄修己主编 .20 世纪中国文学史 [M]. 广东：中山大学出版社，1998.

[74]杨匡汉、孟繁华主编 . 共和国文学 50 年 [M]. 北京：中国社会科学出版社，1999.

[75]伍旭升主编 .30 年中国畅销书史 [M]. 江西：江西教育出版社，2009.

[76]谢冕、洪子成 . 中国当代文学史料（1948—1975）[M]. 北京：北京大学出版社，1995.

[77]王庆生主编 . 中国当代文学史 [M]. 北京：高等教育出版社，2003.

[78]王晶 . 西方通俗小说：类型与价值 [M]. 云南：云南人民出版社，2002.

[79]许志英、丁帆 . 中国新时期小说主潮 [M]. 北京：人民文学出版社，2002.

[80]潘旭澜 . 新中国文学词典 [M]. 江苏：江苏文艺出版社，1993.

[81] 陈思和：中国新文学整体观 [M]，上海：上海文艺出版社，1987.

[82] 张清华 . 中国当代先锋文学思潮论 [M]. 江苏：江苏文艺出版社，1997.

[83] 吴义勤 . 长篇小说与艺术问题 [M]. 北京：人民文学出版社，2005.

[84] 花建 . 产业界面上的文化之舞 [M]. 上海：上海人民出版社，2002.

[85] 冯骥才 . 一百个人的十年 [M]. 吉林：时代文艺出版社，2004.

[86] 洪治纲 . 守望先锋：兼论中国当代先锋文学的发展 [M]. 广西：广西师范大学出版社，2005.

[87] 郭春林 . 读图时代文学的处境 [M]. 上海：同济大学出版社，2008.

[88] 朱栋霖、丁帆、朱晓进主编 . 中国现代文学史 [M]（1917—1997）. 北京：高等教育出版社，1999.